Mystisches Oberösterreich

Peter Pfarl · Toni Anzenberger

Dämonisches · Dunkles · Denkwürdiges

Pichler Verlag

Fotos Seite 6–17:

Feierliche Landschaften, seltsame Gebilde

Gosaukamm

Pechölstein zwischen St. Thomas am Blasenstein und Rechberg

Der „Schwammerling" im Naturpark Rechberg

Hallstätter See

Wald in der Nähe von Haibach ob der Donau

Die „schlafende Griechin":
Blick vom Gmundnerberg über den Traunsee auf den Erlakogel

ISBN 978-3-7012-0037-5

www.editionoberoesterreich.at

Buchgestaltung: Bruno Wegscheider
Produktion: Alfred Hoffmann, Bruno Wegscheider

Reproduktion: Pixelstorm, Wien
Druck und Bindung: Finidr, s.r.o., Český Těšín

Inhalt

19 Vorwort

21 Eine Provinz und keine provinziellen Persönlichkeiten

33 Von Pfahlbauern, Hallstattleuten und Römern

53 Kultsteine, rätselhafte Gänge, archaische Bilder

67 Von guten und bösen Wassern

83 Heilige Orte und ihre Mythen

97 Burgen und Schlösser mit ihren Herrschaften

117 Die Stifte mit ihrer reichen Geschichte

133 Schwarze Bauern und Weiße Hexen

151 Das Salzkammergut, einmal anders gesehen

165 Verwendete bzw. weiterführende Literatur (Auswahl)

166 Bildnachweis

Vorwort

Als mir vom Verlag der ehrenvolle Auftrag zu der vorliegenden Arbeit zukam, war ich etwas ratlos. Einerseits war mir das Bundesland Oberösterreich, in dem mein Heimatort liegt, verglichen mit so interessanten Gegenden wie Tirol oder Salzburg immer als weitgehend nüchtern und farblos erschienen. Wo sollte da, abgesehen vom Mühlviertel und vom Salzkammergut, „Mystisches" zu entdecken sein? Ferner handelt es sich immerhin um eines der größeren Bundesländer der Republik, das sich in recht unterschiedliche Regionen gliedert. Wie sollte man da alles erfassen und eine halbwegs einheitliche Form finden?

Ich machte mich also auf, um das Land neu zu erkunden, und da ich es sozusagen mit anderen Augen betrachtete, entdeckte ich allenthalben Erstaunliches. Ich las mich in die Biographien der großen Männer des Landes, Bruckner, Stelzhamer und Stifter, ein und erfuhr, dass diese Schöpfer hervorragender Werke als Menschen recht verzwickte Charaktere waren. Ich stieß auf die Karriere des Carl Schappeller vom Armenhäusler zum Schlossbesitzer, die viele Betrogene viel Geld kostete, während er selber noch in der Grabinschrift seine Unschuld betonte. Ich kam zu einem Loch in der Wand eines Gastlokals, durch das der Teufel ausgefahren war. Ich wanderte zu einem Stein, dem man Heilkraft zuschrieb, weil der heilige Wolfgang seinen Hut darauf gelegt hatte. Und ich erfuhr viel mehr, als in diesem Buch hätte Platz finden können. Da gibt es mitten in dem durchaus zeitgemäßen Seniorenheim von Ostermiething einen Raum, der mit recht ergötzlichen gotischen Fresken ausgemalt ist. Da ragt unweit von Liebenau die Jankusmauer auf, eine gewaltige Felsenburg, von der man sich viele Geschichten erzählt. Da finden sich weitum im Mühlviertel die Pechölsteine, mit denen sich manch mysteriöse Gebräuche verbanden. Da erfuhr ich von einem Mann im Gebirgsort Goisern, der die Todesfälle „ahnte" und auch dann sofort den Namen des Abgeschiedenen nennen konnte, wenn die Glocke einen unerwarteten und weit entfernten Sterbefall verkündete. All das und vieles andere musste weggelassen werden, weil es den Umfang des Buches gesprengt hätte.

Überall kamen mir die Leute entgegen. Freundlich wurden mir die Kirchen und Burgen geöffnet. Gerne wurden mir Auskünfte erteilt. Ich möchte Herrn Dr. Wernher Messenböck erwähnen, der mir mit viel Vertrauen die wertvollen Manuskripte seines Vaters Josef Messenböck borgte. Ich nenne den Fürsten Starhemberg und Herrn Landesarchivar Dr. Georg Heilingsetzer, durch deren Entgegenkommen ich Wertvolles über das Geschlecht der Starhemberg erfuhr. Herr Regierungsrat Helmuth Meyer vom Adalbert-Stifter-Institut des Landes Oberösterreich versorgte mich reichlich mit Literatur über Stifter und Stelzhamer, Hofrat Johann Sturm und Josef Weichenberger mit solcher über die Kaperger-Bande. Viele Hinweise gab mir mein Freund Oberschulrat Andreas Kopf, der mich auch auf etlichen Fahrten begleitete. Ferner seien Herr Helmut Atteneder von Liebenau und DDr. Bernhard Iglhauser von Thalgau genannt. Ihnen allen danke ich für die Unterstützung, und vor allem muss das Vertrauen hervorgehoben werden, das der Verlag, die Edition Oberösterreich, in mich gesetzt hat.

Es bleibt mir zu hoffen, dass durch das Buch niemand enttäuscht wird. Möge es dem Leser viele ihm unbekannte Aspekte des wahrlich interessanten, „mystischen" Landes Oberösterreich und damit reichen Lesegenuss eröffnen!

Peter Pfarl

St. Wolfgang im Mai 2008

Mit den Oberösterreichern tut sich Österreich ein wenig schwer. Nicht, dass sie ein besonders aufsässiger Stamm wären. Ganz im Gegenteil: Aufsässigkeit ist das Markenzeichen anderer Bundesländer. Es ist etwas anderes: Dem Oberösterreicher steht man irgendwie fremd gegenüber, es existiert keine Schublade, in die man ihn einordnen könnte. Unter *dem* Kärntner kann man sich etwas vorstellen, ebenso unter *dem* Tiroler, *dem* Burgenländer. Wie soll man den Bewohner von Oberösterreich charakterisieren? Wie charakterisiert er sich selbst? Fragt man jemanden aus Schärding, als was er sich fühle, wird er sicher nicht sagen, er sei ein Oberösterreicher, er wird sich vielmehr als Innviertler bezeichnen, denn das ist etwas Handfestes, Greifbares. Der Bewohner Freistadts schätzt sich auch nicht als Oberösterreicher ein, sondern als Mühlviertler. Vom Salzkammergütler brauchen wir da gar nicht zu reden, er reklamiert sein Land ohnehin als „Zehntes Bundesland" und ist stolz auf seine von den anderen nicht immer begriffene Eigenständigkeit, etwa wenn es um so umstrittene Sonderlichkeiten wie das Vogelfangen geht.

Verschiedenartige Landesteile fügen sich zu einem reizvollen Ganzen: Innviertler Bauernland mit dem Turm der Wallfahrtskirche Hart nahe Pischelsdorf am Engelbach (oben); Blick vom Wurbauerkogel ins Tal der Steyr (linke Seite).

Der Rest des Landes ist namenlos. Trotz heftiger Bemühungen ist der Touristik lange keine schlagkräftige Bezeichnung für die Täler von Krems, Steyr und Enns eingefallen. Niemand weiß recht, wo das sogenannte Hausruckviertel beginnt und wo es endet. Dem, was dann noch übrig bleibt, verpasste man den prosaischen Namen „Zentralraum". Aber kein Bewohner von Linz wird sich als „Zentralräumler" ansprechen lassen, dann noch eher als Oberösterreicher.

Oberösterreich ist also in sich mehrfach „gespalten" und besteht aus verschiedenen Teilen. Die Unterschiede sind schon in der Landschaft deutlich. Wer in einem der behäbigen Dörfer des südlichen Innviertels wohnt, dem wird es im ersten Moment seltsam vorkommen, wenn es ihn in die kargen Täler von Weyer und Gaflenz verschlägt und ihm in den dortigen Amtsstuben das Bild desselben Landeshauptmannes entgegenblickt wie daheim. Ein Bewohner des östlichen Mühlviertels wird das Gebiet um den Attersee nicht unbedingt als sein Land empfinden, ebenso wenig wie ein Gosauer die Enge des Oberen Donautales.

Langweilige Geschichte eines langweiligen Landes?

Dass sich so verschiedenartige Landesteile zu einem Ganzen zusammenfügten, erklärt uns die Geschichte. Das Land östlich der Enns war lange Zeit ein bloßes Anhängsel, und zwar zunächst ein Anhängsel des bayrischen Stammesgebietes. Im 10. und 11. Jahrhundert bildeten sich diverse Herrschaften aus, am nachhaltigsten im Bereich von Lambach und

Friedliche, in sich ruhende Landschaft, unter deren Oberfläche es von dämonischen Mythen und hintergründigen Geschichten wimmelt: Vierkanter in der Nähe von Steyr.

Wels. Als die nach diesen beiden Orten benannten Grafen ausstarben, wurden sie von dem tüchtigen und nach Selbständigkeit strebenden Geschlecht der Ottokare beerbt, das aus dem Chiemseegebiet stammte. Sie saßen in Enns und Steyr, weite Gebiete der im Süden anschließenden Mark gehörten zu ihrem Einflussbereich. Diese wurden nach ihrem Burgsitz „Steiermark" benannt, und bis heute ist das Wappen dieses Bundeslandes ident mit jenem der Stadt Steyr. Als der letzte Ottokar krank war und keine Kinder hatte, vermachte er 1186 seine Länder den Babenbergern, was bewirkte, dass das einstige Anhängsel Bayerns nun zu einem solchen von Österreich wurde. Damit setzte aber ein Ablösungsprozess vom heutigen Bundesland Niederösterreich ein, der Jahrhunderte dauerte. „Er weist keine markanten Einschnitte auf, sondern verläuft in einer kontinuierlichen Entwicklung", so schildert ihn der Direktor des Landesarchivs, Hofrat Zauner. „Es gibt weder ein Ereignis, von dem man sagen könnte, es habe allein die Existenz des Landes begründet, noch lässt sich ein markanter Schlusspunkt der Entwicklung feststellen." Der letzte große Zugewinn war 1779 der Erwerb des bayrischen Innviertels. Im Jahre 1861 erhielt die

Provinz, nunmehr ein kompakter Bereich mit gesicherten Grenzen, den Rang eines selbständigen Erzherzogtums. Während man früher einfach nur vom *Land ob der Enns* sprach, legte es sich 1918 offiziell den anspruchsvolleren Namen *Oberösterreich* zu.

Nicht durch Kriege und Eroberungen hat sich das Bundesland gebildet – solche hat es immer nur erleiden und durchmachen müssen –, sondern durch kluges und weitschauendes Nützen von Gelegenheiten, durch unspektakuläres Streben nach gesetzten Zielen. Man mag eine solche Historie, die sich im Wesentlichen in diplomatischen Schritten und vorsichtigen Aktionen erschöpft, langweilig finden – heroische Taten sind weit unterhaltsamer –, sie spiegelt aber im Grunde die Physiognomie von Oberösterreich wider. Es ist ein solides Land, ein verlässlicher Bestandteil der Republik. Es wurde gut regiert (was man über alle Parteigrenzen hinweg ruhigen Gewissens sagen kann) und es war auch, schon bevor es von der Industrie weitgehend in Beschlag genommen wurde, zumindest im Kernbereich recht wohlhabend. In den rückständigen Gebieten der ungarischen Puszta schwärmte man vom *Land Operenzia, wo die Bauern in Palästen wohnen.* Damit war nichts anderes als das Land *ob der Enns* gemeint, von dem die Soldaten, die hier in der Garnison lagen, Wunderdinge berichteten. Vor allem seit der Industrialisierung sind hier in vielen Belangen österreichische Superlative zu finden.

Andererseits gilt Oberösterreich auch als ein wenig bieder und langweilig. Es gibt zwar ein reges Bemühen, dem entgegenzuwirken, etwa durch betonte Aktivitäten und Festivitäten im Bereich der elektronischen Kunst, aber Vorurteile haben nun einmal ein langes Leben. Wer Oberösterreich auf den Autobahnen oder mit der Westbahn durchquert, fühlt sich in solchen Vorurteilen durchaus bestätigt. Er fährt auf weiten Strecken durch eine leicht gewellte Gegend, sieht links und rechts ausgedehnte Bauerngehöfte und manchmal Siedlungen, gelegentlich auch einen Kirchturm, und nur die blaue Bergkette im Süden macht die Gegend zu etwas Besonderem. Und doch täuscht der Eindruck. Unter der Oberfläche der scheinbar in sich ruhenden, friedlichen und bei Sonnenschein fast feierlichen Landschaft schaut es weit weniger beschaulich aus. Da wimmelt es von dämonischen Mythen und hintergründigen Geschichten. Wer näher hinschaut, entdeckt mancherlei seltsame Gebilde und daneben kunstvolle Schöpfungen im Überfluss. Er erfährt, dass sich in diesem Land, einer einst abgelegenen Provinz, in der es weder Residenzen noch Herrscherhäuser gab, mitunter auch hohe Geschichte vorbereitete und abspielte, wenngleich nicht in großartigen Gesten, sondern eher in alltäglicher, wenig dramatischer Form, etwa wenn Hallstattleute auf der Suche nach Salz hier ihre Kultur entwickelten oder wenn die allerhöchsten Habsburger ihre Sommerferien in den hiesigen Bergen verbrachten. Und er lernt schließlich, dass das Land von einem Volk bewohnt wird, das viel zu dulden bereit war, aber, wenn es einmal etwas als unvernünftig oder ungerecht empfand, durch Ironie, Ungehorsam oder offenen Aufstand zeigte, dass es sich durchaus nicht alles gefallen ließ.

Auch unter den großen Persönlichkeiten, die Oberösterreich hervorbrachte, finden sich kaum welche, die pompös oder extravagant auftraten. Es handelte sich nach außen zumeist um bescheidene bürgerliche oder bäuerliche Existenzen, die in Wahrheit die Dämonie ihres Wesens nicht in den Griff bekamen. Ihr Lebenslauf machte es den Mitbürgern leicht, sie auf ihr eigenes, häufig spießbürgerliches Niveau herabzudrücken, sodass sie auf die wahren Anliegen der Genies nicht näher eingehen mussten.

Der „Spielmann Gottes" – ein genialer Sonderling

Wer kennt schon landläufig die Symphonien Anton Bruckners, wer macht sich gar die Mühe, sie zu verstehen? Aber Geschichten über den

Komponisten weiß man hierzulande allenthalben zu erzählen. Spricht man von ihm, fällt wahrscheinlich gleich einmal das Schlagwort vom „Musikanten des lieben Gottes" und es werden alle möglichen netten Anekdoten, ob wahr oder unwahr, über ihn erzählt, etwa wie er einer Dame, die in einer vornehmen Gesellschaft erwähnte, sie habe ihm zuliebe ihre schönste Garderobe angezogen, antwortete: „Meinetwegen hätten S' gar nix anziehen müssen!" Beliebt sind die Scherenschnitte, die den Künstler zeigen, wie er selig in die Tasten der Orgel greift, während ringsum die Engelein die Begleitinstrumente schwingen. Er selbst hat zu diesem Bild beigetragen, wenn etwa ein mit ihm befreundetes Mädchen berichtet, er habe sich während des Klavierspiels an einer besonders schönen Stelle zu ihr gewendet und geflüstert: „Das ist nicht von mir, das haben mir die Engerln vorgesungen."

Bruckner bemühte sich Zeit seines Lebens, dem Typ eines ländlichen Lehrers, der ihm vom Vater eingeprägt worden war, treu zu bleiben, auch als er längst in der eleganten Kaiserstadt Wien lebte und an der Universität als Hochschulprofessor tätig war. In seiner ungewöhnlich altmodischen Kleidung war er eine stadtbekannte, viel belächelte Erscheinung. In Oberösterreich aber liebte und verehrte man ihn auch in Zeiten, als die Wiener Musikkritik seine Kompositionen noch vollkommen ablehnte, ja ihn beschimpfte und verhöhnte. Im Pfarrhof von Steyr fand er stets liebevolle Aufnahme, im Stift St. Florian konnte er jederzeit das „Zimmer Nr. 4" bewohnen, die Liedertafeln von Linz und Wels machten ihn schon 1869 zu ihrem Ehrenmitglied. In Wien hingegen spottete man über den einfältig wirkenden Mann, der breiten Dialekt redete und dessen Tischsitten als unfein verrufen waren. „Halb Genie, halb Trottel", das war eines der Urteile über ihn, gesprochen vom Dirigenten Hans von Bülow; dabei ließ ihn der immerhin zur Hälfte gelten. In Kritiken hieß es hingegen, Bruckner komponiere *wie ein Betrunkener,* sein Werk hinterlasse *keinen sonderlich feinen Geruch,* vielmehr zeichne es sich durch *ein theils beängstigendes, belustigendes Gemisch von Großthuerei und theils Armseligkeit* aus.

Man kann sich überhaupt nicht vorstellen, was der nervenschwache und durchaus nicht selbstbewusste Meister durchmachen musste, bis seine leidenschaftliche Hingabe an die Musik ihre letzte Erfüllung fand. Sein Geburtsort Ansfelden, heute eine Stadt im Großraum Linz, war damals ein abgelegenes Dorf. Der Vater leitete ihn zum Spiel mit Orgel und Geige an. Kirchendienst und Aufspielen zum Tanz gehörten nun einmal zu den Lebensaufgaben eines ländlichen Schulmannes. Bei einem armen Vetter in Hörsching und im Glanz des Stiftes St. Florian erfuhr er erstmals die Größe und Weite der musikalischen Kunst, wurde aber dann brutal zurückgestoßen in das erbärmliche Dasein eines Schulgehilfen im weltentrückten Dorf Windhaag bei Freistadt, wo er zusammen mit der Stalldirn frühstücken, außerhalb des Schuldienstes Mist aufbreiten und sonstige Fronarbeit leisten musste. In seiner armseligen Kammer befaßte er sich intensiv mit Bachs „Kunst der Fuge". An Sonntagen und abends war er häufig mit der Violine unterwegs, um bei geselligen Unterhaltungen zum Tanz aufzuspielen.

Verfolgt man Bruckners Lebenslauf von dem Elend in Windhaag bis zu jenen triumphalen Ehrungen, die er zu Ende seines Lebens erfuhr, als Kaiser und Erzherzöge, Universitätslehrer und Künstler ihre tiefste Wertschätzung äußerten, dann stößt man auf eine fast unwahrscheinliche Kette von Zufällen. Offenbar fand das verborgene Genie trotz schwierigster Umstände immer wieder die richtigen Leute, die seine Schöpferkraft zumindest ahnten oder gar erkannten und förderten. Andererseits muss man sich über die Zähigkeit des Mannes wundern, der sich unentwegt weiterbildete und unbeirrt an die Aufgabe glaubte, die ihm durch sein Talent aufgetragen war. Dabei gab es fürchterliche Rückschläge, die andere zur

Anton Bruckner, einsames Genie und frommer Musikant, arbeitete mit leidenschaftlicher Hingabe an titanischen Schöpfungen: die Orgel des Komponisten im Bruckner-Museum Ansfelden.

Verzweiflung gebracht hätten. Einer der schlimmsten spielte sich noch in Oberösterreich ab, in der Zeit, als er in Linz Domorganist war. Er hatte bereits seine *Erste Symphonie* geschrieben, er dachte daran, eventuell nach Wien zu gehen, er wollte einen Hausstand gründen, da befiel ihn eine Nervenkrise, die ihn an den Rand des Wahnsinns brachte.

Obwohl Bruckner damals durch eine Rosskur unter Kaltwassergüssen geheilt wurde, blieb seine Seelenlage immer labil, für Psychologen bis heute ein dankbares Studienobjekt. Er war der fromme Musikant, der auf der Stelle alles unterbrach, wenn nebenan die Kirchenglocke zum Gebet läutete. Er war auch der gesellige Mensch, dem üppiges Essen und andere irdische Freuden, etwa das Tanzen, über alles gingen. Er war das einsame Genie, das in der kargen Wohnung an titanischen Schöpfungen arbeitete, der einzigartige Orgelvirtuose, der in London und in Paris Begeisterungsstürme auslöste, und er war der glücklose Brautwerber, der bei seinen zahllosen und stets vergeblichen Anläufen, eine Frau zu finden, immer exakt wissen wollte, über wie viel Geld die Auserwählte verfüge. Bruckner und die Frauen, das ist ein unerschöpfliches Thema. Er be-

Franz Stelzhamer, eine komplexe Persönlichkeit von phantastischer Lebensuntüchtigkeit, wurde auf das handliche Maß eines volkstümlichen Poeten reduziert: Stube im Geburtshaus des Dichters in Piesenham.

vorzugte für seine Annäherungsversuche bis ins hohe Alter ganz junge, „liebe“ Mädchen. Hatte ihn eine begeistert, dann ging er trotz seiner schüchternen Unbeholfenheit sofort zur Sache, nämlich zum Heiratsantrag. In der Regel erfolgte umgehend eine Abweisung, man kann daher nicht überprüfen, wie es weitergegangen wäre, wenn einmal eine Ja gesagt hätte. Vermutlich hätte er mit ihr ebenso wenig anfangen können wie sie mit dem schrulligen Musiker. Wie er gestimmt war, beweist das folgende Zitat aus der neueren Bruckner-Biographie von Wolfgang Johannes Bekh: „Erzählten sich die Stammtischbrüder sogenannte Männerwitze, erhob er sich augenblicklich als Zeichen des Protests. Zu befürchten war allerdings, dass er beim Hinausgehen die Kellnerin tätschelte.“

Man hat das seltsame Verhalten damit zu erklären versucht, dass für den tief religiösen, sensiblen Mann die sittliche Reinheit vor Gott und der Kunst ein vordringliches Anliegen bedeutete. Es gibt aber genügend Beweise dafür, wie ihn das körperliche Verlangen plagte, sodass man sich unbedenklich dem anschließen darf, was der Linzer Kulturkritiker Josef Laßl aus den Symphonien heraushörte:

„Die Gewalt der wilden Aufschreie, die Längen des Ausströmens, das dunkle Verweilen in den Füllseln ... hier offenbart sich das Triebhafte unverstellt für den, der nicht gewillt ist, einer frömmelnden Schönfärberei zu erliegen.“ So gesehen, sollte für uns weniger wichtig sein, warum der Meister aus Ansfelden mit Frauen nicht zurechtkam. Überlegungen, wie sie Josef Laßl anstellte, sind einer von mehreren Schlüsseln zum Werk dieses Genies, wenngleich man nie ergründen wird, wie es geschah, dass der schlichte Mensch Anton Bruckner sich zu solchen Höhen aufschwingen konnte, die er in seiner Musik zum Ausdruck brachte und mit denen er seiner Zeit weit vorauseilte.

Der problematische „Franz von Piesenham"

Ähnlich wie mit Anton Bruckner verhält es sich mit einer anderen Größe des Landes, mit Franz Stelzhamer. Auch ihn hat man auf das handliche Maß einer volkstümlichen Figur reduziert, auf den „Franz von Piesenham“, einen kernigen Innviertler voll Heimatliebe und Gemütstiefe. Andererseits wurde er in der Nähe einer belebten Linzer Straßenkreuzung als monumentale Statue aufs Podest gestellt, als ein Kerl wie aus Gusseisen, erdverbunden und urwüchsig. In ihm erblickt Oberösterreich, wie Hans Commenda in seiner Biografie schreibt, „die Verkörperung eigener Art“. Merkwürdig, dass man da die Landsleute mit einem Menschen identifiziert, der wie kaum ein anderer eine komplexe Persönlichkeit von phantastischer Lebensuntüchtigkeit war.

Franz Stelzhamer, am 29. November 1802 in dem Weiler Groß-Piesenham im Innkreis geboren, fühlte sich schon in jungen Jahren als Poet. Er strotzte vor Selbstvertrauen in sein Talent und fühlte es geradezu als sein Vorrecht, sich von allen möglichen Leuten sponsern zu lassen. Nur reichte das Geld meistens nicht, zumal er nach außen großspurig auftrat, wo er doch in Wahrheit bettelarm war. Dabei scheute er mitunter vor sehr bedenklichem Verhalten nicht zurück. Einem Freund, der ihm in Linz Unterkunft gewährte, entwendete er heimlich den Frack, weil er ihn für die Ablegung eines Examens benötigte. Er bezeichnete das zwar als käuflichen Erwerb, versetzte das gute Stück dann aber zur Deckung dringender Bedürfnisse. Die Prüfung auf der Universität legte er auch nicht ab, denn er hatte festgestellt: „Doktor ist ein viel zu verbrauchter Gemeinplatz in der neueren Konversation der gebildeten Menschheit. – Doktor werden ist weder antik noch modern; ich kann kein Doktor sein.“ An anderer Stelle deponierte er: „Mich richtet die Kunst, nicht das Gericht.“

Als sich abzeichnete, dass seine Werke vielleicht gedruckt werden könnten, verstand er es, im Stift Reichersberg 24 Silbergulden als Subskription locker zu machen. Mit dem Geld in der Tasche geriet er in Aurolzmünster an einen Metzger, der ihn zum Kegelscheiben einlud. Dabei verspielte er einen Silbernen um den anderen, bis er wiederum ohne Barschaft dastand und schließlich im Vaterhaus Obdach suchen musste, das dem verlorenen Sohn nur widerwillig gewährt wurde. Fürderhin zog er, wie der oberösterreichische Schriftsteller Walter Pilar schreibt, „trinkend, tanzend, weibernd und mit schlagfertigen Schmähs die Wirte für sich einnehmend durchs Land“. Allerdings galt er als origineller Kauz und als guter Gesellschafter und verstand es damit, sich beliebt zu machen, „bei Brauherren, Äbten, Pfarrern und Wirtsleuten einzukehren und um Gotteslohn tage-, ja wochenlang zu verweilen“.

Nun wäre dieses bohemehafte Leben allein seine Angelegenheit gewesen, hätte er nicht eine Frau, die um 16 Jahre jünger war, geheiratet oder vielmehr heiraten müssen, denn sie erwartete ein Kind. Es kam drei Monate nach der Hochzeit auf die Welt. Er zog mit seiner kleinen Familie nach Ried im Innkreis und träumte sogleich davon, *ein grün und laubig umfriedetes Eigentümchen* zu erwerben, doch musste er sich bald wieder, wie Commenda berichtet, „durch Borgen und Schuldigbleiben“ über Wasser halten. Die Ehe wurde ein einziges wirtschaftliches Debakel. Allein in Ried wurden innerhalb von zehn Jahren sechs verschiedene Wohnungen bezogen und wieder aufgegeben, etlichen Hausherren blieb er viel Miete schuldig. Im Alter von sechs Jahren starb das Kind, die Mutter lebte zumeist allein in Ried, während der Gatte auswärts sein Einkommen suchte und es sich nicht immer schlecht gehen ließ. Auf ihre „gellenden Notschreie" tröstete er sie mit Briefen des Inhaltes: „Geld habe ich zur Stunde noch keines, aber, aber, aber ich hoffe!", oder er gab er den simplen Rat: „Borge und hilf Dir, wie Du kannst!" Schließlich starb Frau Stelzhamer in äußerstem Elend, man sagt sogar, es sei die Auszehrung gewesen, die sie ins Grab brachte. Erst im fortgeschrittenen Alter beruhigte sich die Lage des Dichters, nicht zuletzt weil ihm Freunde „Ehrenpensionen" von staatlichen Stellen verschafft hatten.

Mit den hochdeutschen Dichtungen dieses Mannes hatten schon die Zeitgenossen ihre liebe Not. Sein Verleger Gustav Heckenast äußerte, viele von ihnen seien „unfertig, geschmacklos und schülerhaft", während Stelzhamer von ihrem Wert in geradezu peinlicher Weise überzeugt war und sich ihretwegen in einem Brief einen „fast Unsterblichen" nannte. Alle diese Werke sind heute Makulatur; niemand wird sich mehr durch die Sätze voller Schwulst und den oft recht wirren Inhalt hindurcharbeiten. Dazu kommt, dass neuerdings ein Aufsatz Stelzhamers publik gemacht wurde, in dem er hemmungslos über die Juden herzog und der von der einschlägigen Literatur stets schamhaft verschwiegen wurde. Allein dieses Pamphlet macht es höchst prekär, wenn Stelzhamer als die „Verkörperung oberösterreichischer Art" angepriesen wird.

Unstreitig ist allerdings der Wert vieler, wenn auch nicht aller Mundartgedichte des Innviertlers. Hier gelangen ihm in der knappen Sprache seiner Heimat treffsichere Aussagen von hohem poetischem Reiz. Auch wenn manches Mal ihre überholte Ideologie bemängelt wurde, bleiben sie doch markante, einprägsame Merksätze. Als Beispiel sei eine Strophe der gemütvollen oberösterreichischen Landeshymne, des *Hoamatg'sangs* angeführt, in der es heißt: *Dahoam is dahoam, wannst nöt fort muaßt, so bleib,* eine Maxime, welcher der Dichter bekanntlich selber nichts abgewinnen konnte, denn anderswo schrieb er: *Wanderstab, Wanderstab, du bist mein Leben",* und die auch hoffentlich durch die Weltoffenheit der Oberösterreicher ad absurdum geführt wird. Aber in der Formulierung ist sie unübertrefflich, und mit Inbrunst bei passender Gelegenheit gesungen, kann sie manche Landsleute immer noch zu Tränen rühren.

Adalbert Stifter und seine Probleme

Auch um Adalbert Stifter hat sich ein Klischee gebildet, das Klischee vom Schulrat, der im damals geruhsamen Linz ein behagliches Leben führte, vom Naturliebhaber, der sich liebevoll den Blumen und Käfern zuwendete und der die wechselnden Eindrücke der Landschaft in eine merkwürdig schöne Sprache bringen konnte. Auf seinem Denkmal vor dem Landhaus in Linz sitzt er mit sich selbst zufrieden da und blickt träumend vor sich hin. Dabei war der Dichter ein in sich zerrissener, unglücklicher Mann, der mit seinem Leben alles andere als zufrieden war.

Adalbert Stifter war kein Oberösterreicher. Er wurde jenseits des Böhmerwaldes geboren, auf der anderen Seite der breiten grünen Barriere, die im äußersten Norden die Grenze des Landes bildet. Die längste Zeit hat er in Wien gewohnt. Trotzdem war Oberösterreich seine Lebenslandschaft. In Kremsmünster besuchte er das Gymnasium. Die Jahre, die er dort verbrachte, galten ihm als die schönsten, „weil sie die reinsten waren". Von 1848 bis zu seinem Tode 1868 lebte er in Linz. Schon zuvor und auch nachher noch spielten die meisten seiner Geschichten entweder im Böhmerwald oder in den Landschaften des südlichen Oberösterreich.

Der Roman *Der Nachsommer*, der als sein Hauptwerk gilt, hat die Gegend von Kremsmünster als Hintergrund. Der Dichter entwirft in dem gedachten „Rosenhaus“ des Freiherrn von Risach seine Idealwelt, eine Welt, in der sich die Menschen durch Selbstzucht und Bildung sittlich vorwärtsbringen, ein Vorbild für die ganze Gesellschaft. Aber es ist das schöne Bild einer vollkommenen Kunstwelt. sie „funktioniert nur dank der Absenz gravierender Störfaktoren, sie wirkt wie eine ökologische Versuchsstation, wie eine Welt im Gewächshaus, im Glashaus“, so charakterisiert sie der Stifter-Forscher Johann Lachinger, und der Biograf Wolfgang Matz schreibt: „Die Körperlichkeit selbst ist entschwunden in dieser schwebenden Atmosphäre, wo beständig die leichte Brise eines milden Sommertages zu wehen scheint.“ „Störfaktoren“ aber gab es im wirklichen Leben Stifters genug, und er wurde mit ihnen nicht fertig. Als junger Student verliebte er sich in die Kaufmannstochter Fanny Greipl aus einem Marktflecken im Böhmerwald, sie war das Frauenideal, das sein Leben prägte. Durch Zögerlichkeit und mangelnde Entschlusskraft verspielte er ihre Liebe. Er schlitterte in ein Verhältnis zu der anspruchslosen Wiener Näherin Amalia Mohaupt, die er schließlich heiratete. Sie war ihm eine gute Hausfrau, seinen geistigen Bedürfnissen konnte sie in keiner Weise genügen, außerdem war es sein immerwährender Kummer, dass die Ehe kinderlos blieb. In der für ihn typischen Art unterdrückte er die Schuld, die in dem Versagen gegenüber Fanny lag, und die mangelnde Befriedigung, die er in der Ehe fand, indem er etwa seiner Gattin fortwährend heiße Liebesbriefe schrieb oder indem er sich hemmungslos ihren Kochkünsten hingab. Matz berichtet darüber: „Stifter, der das Maß und die Selbstbeherrschung zum Leitbild jedes vernünftigen Lebens erklärt hatte, kannte an der Tafel weder das eine noch das andere. Seine Leidenschaft für üppiges Essen, alkoholische Getränke und gute Zigarren überschritt jedes vernünftige Maß“, und die Journalistin Renate Just bezeichnete ihn respektlos als „unersättlichen Vielfraß“. Auf manchen seiner späteren Fotografien, urteilt sie „sieht er aus wie ein Bierfaß im Biedermeierfrack – kein Wunder bei sechs Mahlzeiten am Tag samt Gabelfrühstück und Jause, bei sechshundert Liter Wein pro Jahr“. Schließlich können die psychischen Probleme Stifters in seinen Dichtungen nicht verhüllt werden, es werden immer wieder Menschen vorgeführt, die durch Schuld ihr Lebensglück verpasst haben.

Ein zerrissener, unglücklicher Mann, der mit seinem Leben alles andere als zufrieden war: Adalbert Stifter. Denkmal in seinem Sommerdomizil Kirchschlag.

Seine Sehnsucht nach einem Kind äußerte sich zwar in der Zuwendung und Fürsorge, die er als Schulrat auf der Dienstreise den Kindern entgegenbrachte, im eigenen Bereich versagte sie. Eine Nichte, ein mittelloses kleines Mädchen, kam ins Haus und sollte vom Ehepaar Stifter großgezogen werden. Aus den Briefen des Ziehvaters spricht aber nie eine liebevolle Hinwendung zu dem Kind, auch von Frau Amalia erfuhr sie offenbar nicht viel Gutes. Sie endete achtzehnjährig als Selbstmörderin in der Donau, wiederum ein Vorfall, der Stifter zeigte, wie erschreckend schlecht der Mensch seinen eigenen Vorstellungen entspricht und wie sehr sich die Ideale an den Realitäten reiben.

Ein Land voller Eigenart, ein Land, das zum Schaffen anregt: das einsame Anwesen Alfred Kubins in Zwickledt.

In der letzten Zeit seines Lebens war der Dichter ein Wrack, körperlich wie seelisch. Im Jahre 1866 hetzte er von Ort zu Ort, insgesamt übersiedelte er mehr als ein Dutzend Mal. Die Leberzirrhose, eine Folge seiner maßlosen Essgewohnheiten, steigerte sich und bereitete so unerträgliche Qual, dass er am 26. Jänner 1868 zum Rasiermesser griff und sich am Hals eine Schnittwunde zufügte. Zwei Tage später war er tot.

Aus diesen Spannungen entstand Adalbert Stifters Werk, und aus den Spannungen lebt es noch heute. Schon die Zeitgenossen standen der Weitschweifigkeit und Ereignislosigkeit vieler Schilderungen mitunter verständnislos gegenüber. Wer deren Wert nicht erkannte, hielt sich an den herrlichen Naturbildern schadlos und verklärte den Autor zum Heimatschriftsteller. Später blieb er aktuell als deutscher Böhmerwäldler und damit als Schutzpatron der Heimatvertriebenen. Die Vielschichtigkeit seiner Erzählungen wurde erst später bewusst gemacht, die psychologische Tiefe, die vorausweisende Sicht der Dinge. Mit Verblüffung nehmen wir wahr, mit welchen Themen sich Stifter befasste: „Wie wird es sein, wenn wir mit der Schnelligkeit eines Blitzes Nachrichten über die ganze Erde werden verbreiten können?“ – solche Gedanken machte er sich. So warnte er auch vor dem sorglosen Umgang mit Luft und Wasser: Das stehe „mit unserer Bildung, die wir erklommen zu haben meinen“, in vollkommenem Widerspruch. Dies alles sind nur wenige Aspekte eines unendlich tiefgründigen Werkes, und es wäre schade, wenn man das alles unbeachtet ließe, weil man sich mit dem Klischee zufriedengibt.

Noch andere „dämonische" Oberösterreicher

Anton Bruckner, Franz Stelzhamer und Adalbert Stifter: Sie alle kamen aus ländlichen Verhältnissen. Es ist, als hätten sie aus dem Land, dem sie entstammten oder in dem sie ihren geistigen Lebensmittelpunkt hatten, die Kräfte, aber auch die Widersprüchlichkeit geschöpft, aus der ihre Werke, aber auch ihre schwierige Persönlichkeit erwachsen sind. Es muss also ein schöpferisches Land sein, ein Land, das zum Schaffen anregt, ein Land voller Eigenart, dieses „unscheinbare“ Land Oberösterreich. Beispiele, die das belegen, gäbe es noch mehrere, den Dich-

Äußerlich passte er sich dem Typ eines gemütlichen Dörflers an, in seinem Kopf spukten jedoch unentwegt gespenstische Gestalten: der Maler und Zeichner Alfred Kubin; links das kreative Chaos auf seinem Arbeitstisch. Fotos von Franz Hubmann, 1951.

ter Richard Billinger etwa, der aus einem winzigen Dorf im Innviertel stammte und in den Zwanziger und Dreißiger Jahren des 20. Jh. die Kulturwelt begeisterte mit seinen urtümlichen Schauspielen und Romanen, in denen er eine bäuerliche Welt voller Hintergründigkeit zeigte, oder der Maler und Zeichner Alfred Kubin, der im einsamen Schloss Zwickledt bei Schärding die meiste Zeit seines Lebens verbrachte. In seinem Kopf rotierten spukhafte Gestalten, die er unentwegt zu Papier brachte, äußerlich passte er sich dem Typ eines gemütlichen Dörflers an, der weite Wanderungen machte und mit den Bauern am Wirtshaustisch saß.

Spricht man aber von den Menschen, die diesem Land Oberösterreich entstammten, dann taucht unweigerlich die zumeist hämisch gestellte Frage nach dem einen auf, der so viel Unglück über die Menschheit gebracht hat wie kaum ein anderer in der Geschichte. Er wurde in Braunau geboren, wuchs in den ländlichen Gebieten um Lambach auf und wohnte später in einem Dorf unweit der Landeshauptstadt Linz, bevor er für einige Zeit in diese selbst zog. Auch sein Wesen mag in der Dämonie des Landes seinen tiefsten Ursprung haben, er hat sie dann angereichert und aufgefüllt in Wien, München und Berlin, wo er alle üblen Einflüsse in sich aufsog, bis er sie schließlich wie eine Büchse der Pandora ausgießen konnte über die Völker der Erde. Wenn vom „mystischen Land Oberösterreich“ die Rede ist, soll diese (um mit Stifter zu sprechen) *fürchterliche Wendung der Dinge* nicht verschwiegen werden, eine Wendung, die das, was in den Zeilen dieses Buches als interessant, liebenswert oder erhaltenswürdig geschildert wird, umwendet in eine unvermutete Katastrophe, die weit über das Land hinausgreift.

Hofer
Johann Hofer.
1888.
Georg Hofer
Maria Sidler
Jakob Kirchschlager
Joseph Zierler.
1887
Antonia Kir
Jakob
Kierchschlager.
Kirchschlager
Kirchschlager Ther.
*1853 +1947

Von Pfahlbauern, Hallstattleuten und Römern

Wenn der Bergmeister Johann Georg Ramsauer vom Markt Hallstatt zu seinem Dienst- und Wohngebäude kommen wollte, musste er über 3.050 Stufen zum Salzberg hinaufsteigen. Wiederholt hatte er schon angesucht, ob er nicht seine Wohnung in eine kommodere Lage in den Ort hinunter verlegen könne. Aber da Kaiser Ferdinand I. dreihundert Jahre zuvor verfügt hatte, der oberste Bergwerksbeamte habe seinen Wohnsitz im Rudolfsturm hoch über dem See einzunehmen, sah man höherenorts keine Veranlassung, dies zu ändern.

Abgesehen von dem beschwerlichen Stiegensteigen, war es sicherlich kein leichter Job, den der Mann innehatte. Als Bergmeister war er der Betriebsleiter des Salzbergwerkes. Die Arbeit und damit auch die Aufsicht über die Stollen war voller Mühsal, außerdem unterstand er der steten Kontrolle einer peniblen Oberbehörde, die auf hohe Produktivität drängte. Ramsauer war ein loyaler, eifriger Beamter, ein Tüftler, der sich den Kopf darüber zerbrach, wie er die Verhältnisse unter Tag verbessern könne, nicht zuletzt zum Schutz der Arbeiter. Beispielsweise ließ er erstmals die Stollen ausmauern, probierte gusseiserne Rohre aus und bastelte an Modellen des Salzberges und seiner unterirdischen Anlagen, was ihm mehrere Belobigungen und Gehaltsaufbesserungen einbrachte. Geld hatte er dringend nötig, denn wenn er heimkam, erwartete ihn eine kaum überblickbare Kinderschar, nicht weniger als neun Buben und dreizehn Mädchen, von denen eines schwer debil war; sie lebte zuletzt *mit offenem Mund und herausrinnendem Speichel* im Linzer Irrenhaus. Dazu kamen noch zwei Töchter, die seine Frau in die Ehe mitgebracht hatte.

Trotz der steil abfallenden Ufer bereits Lebensraum für die Menschen der Vorzeit: der Hallstätter See.
Linke Seite: Gemeinschaft der Toten im Beinhaus der Pfarrkirche Mariä Himmelfahrt in Hallstatt.

Der Bergmeister als Archäologe

Man müsste meinen, einer, der so viel um die Ohren hatte, sei damit voll ausgelastet gewesen. Aber 1846 begann er mit jener Tätigkeit, mit der sich der tüchtige Mann bis heute das ehrenvollste Andenken gewahrt hat. Damals legten Arbeiter im Hochtal des Salzberges eine Schottergrube an und stießen auf metallische Gegenstände, die bald als „Antiken" klassifiziert wurden. In einer Eingabe an das Salinen-Oberamt betonte Ramsauer, er, *der ehrfurchtsvoll mitgefertigte Bergmeister*, habe sich nicht damit zufriedengegeben, bloß das Metall zu bergen, vielmehr habe er das Erdreich sorgfältig abgeräumt und habe dabei Skelette gefunden, deren Lage und Anordnung erkennen ließen, *dass hier ein Leichenbegängniß bestanden haben muss.* Damit begann die von ihm geleitete Ausgrabung des berühmten Gräberfeldes von Hallstatt.

980 Gräber legte der fleißige Bergmeister inner-

halb von knapp 17 Jahren frei, das ist ungefähr die Hälfte des geschätzten Gesamtbestandes. Und er tat noch mehr, er dokumentierte sorgfältig seine Funde, führte Tagebuch und ließ in den langen Wintermonaten alles zeichnen, und zwar gleich in mehrfacher Ausfertigung. Damit wurde der völlig ungeschulte Mann geradezu ein Vorreiter ordentlicher Grabungstätigkeit, denn dazumal war Archäologie weitgehend Schatzsucherei, und selbst die gelehrten Fachleute in Wien, denen Ramsauer die ausgebuddelten Sachen übermitteln musste, waren mehr an sensationellen Fundstücken interessiert als an den schriftlichen Unterlagen des subalternen Salinenmenschen aus dem fernen Hallstatt. Sie legten „Fibel zu Fibel, Armring zu Armring“, ohne die Zusammenhänge zu beachten, und empfahlen Ramsauer, keine Keramikscherben und dergleichen zu übermitteln, sondern „sich auf das Wesentliche und erkennbar Wertvolle zu beschränken“. Als man sich gut hundert Jahre später daranmachte, die Funde zu ordnen, und nach Ramsauers Unterlagen Ausschau hielt, da waren diese teils verloren, teils in der weiten Welt verstreut, sie fanden sich in Oxford, St. Germain und Zürich. Verzweifelt gesucht wurde vor allem das genau geführte Tagebuch des Ausgräbers. Schließlich entdeckte es ein Interessent in einem Wiener Antiquariat. Doch als die Wissenschafter davon erfuhren, hatte es bereits ein Unbekannter erworben, und die große Chance war fürs Erste wieder weg.

Schätze der Vorzeit: kostbare Bronzegefäße aus dem Hallstätter Gräberfeld, von Johann Georg Ramsauer sorgfältig dokumentiert.
Rechte Seite: Grab für Grab wurde geöffnet, die Lage der aufgefundenen Skelette zeichnerisch exakt festgehalten.

Aber die Sache mit den Grabungsprotokollen ist nur eine der geringeren Merkwürdigkeiten des Hallstätter Gräberfeldes. Weit größere Rätsel ergeben sich aus der Frage, wie die Menschen der Vorzeit draufkamen, dass in dem unwegsamen Hochtal reichlich Salz zu gewinnen war, und wie sie dabei fach- und bergmännisch zu Werke gingen.

„Pfahlbauern“ entdecken die Salzquellen

Man muss wissen, dass das Gebiet, das heute „Salzkammergut“ heißt, neben dem Hallstätter Salzberg noch eine zweite prähistorische Spezialität aufzuweisen hat, die sogenannten Pfahlbauten, deren Ära in die jüngere Steinzeit und in die Bronzezeit fällt, genauer: in den Zeitraum zwischen 2500 und 1500 vor Christus. Gleichgültig ob man nun die eher unwahrscheinliche Ansicht vertritt, die Leute hätten damals auf einer Art Badesteg über dem Wasser gehaust, oder ob man meint, ihre Hütten seien im Uferbereich gestanden – mit Sicherheit ist auf Grund der

ad Tab. I. a.

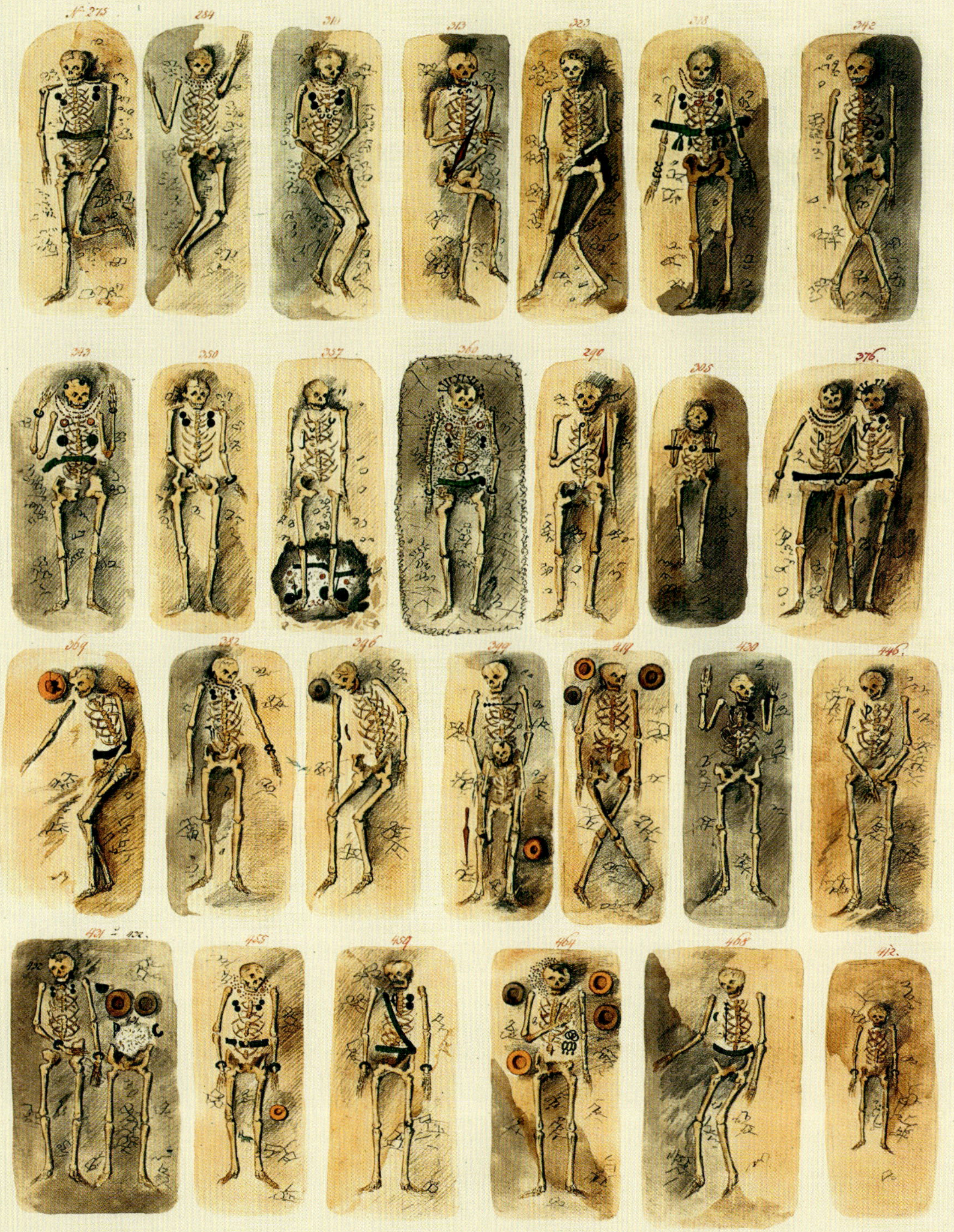

Spektakuläre Begegnung mit einer versunkenen Welt: Präsentation eines Grabfundes vom Salzberg im Welterbemuseum Hallstatt.

reichen Funde anzunehmen, dass unsere Gegend schon damals relativ dicht besiedelt war. Wenn auch die Pfahlbauern bereits sesshaft waren und dem Anbau von Feldfrüchten nachgingen, so verschmähten sie einen Wildbraten keineswegs. Die Knochen in ihren Abfallgruben deuten jedenfalls darauf hin. So mancher von ihnen wird also auf die Pirsch gegangen und, wenn es sein musste, dem Wild auch über weite Strekken gefolgt sein. Da mag es aufgefallen sein, dass die Tiere immer wieder bestimmte Quellen aufsuchten und deren Wasser besonders gerne aufnahmen. Es waren die Salzquellen im Bereich oberhalb des Hallstätter Sees.

Tatsächlich sind gerade in dieser Gegend die Funde von steinzeitlichen Äxten und sonstigen Geräten weit häufiger als sonstwo. Und trotz allem fragt man sich, wie der Mensch gerade hierher gelangte, sozusagen in den letzten Winkel des fast unzugänglichen Hintergebirges. Das steil abfallende Ufer des Sees erwies sich als kaum zugänglich, und in dem beschwerlichen und unübersichtlichen Gelände konnten sich die Jäger natürlich weder auf Wanderkarten noch auf markierte Pfade verlassen. Der Hallstatt-Forscher Friedrich Morton erinnert daran, dass die Völker der Vorzeit über viel angeborenen Spürsinn verfügt haben müssen, schließlich haben sie ja auch, wie

Vor rund dreitausend Jahren, in der Bronzezeit, begannen Menschen in den Hallstätter Salzberg hineinzugraben: Salzkristalle im Welterbemuseum Hallstatt.

er schreibt, aus den weit über 150.000 Blütenpflanzen der Erde die wenigen Arten mit Koffeingehalt herausgefunden, obzwar die betreffenden Pflanzen in frischem Zustand nichts davon erkennen lassen und zum Teil sehr verwickelte Vorgänge nötig sind, um den Stoff genussfähig zu machen.

Das Salzbergwerk, seit Ramsauers Zeiten eingehend archäologisch untersucht, wartet mit jeder Menge weiterer Fragen dieser Art auf, ebenso das Gräberfeld mit seinen reichen Funden, ja es scheint fast, als würden gewisse Punkte immer vertrackter, je mehr die Forscher ermitteln können. Material gibt es ja genug. Da das Salz auch organische Stoffe konserviert, kommen Sachen zum Vorschein, die sonst überall verrottet und vergangen sind, wie Mützen, Schuhe, ein Rucksack, eine Holzstiege und anderes mehr. Selbst ausgeschiedene Verdauungsreste konnten untersucht werden und ergaben einen Einblick in den Speisezettel der damaligen Zeit. Gefunden wurden auch die Spuren der Abbaumethode. Die Bergleute hieben mit ihren Pickeln herzförmige Rillen in den Felsen und brachen dann das so eingegrenzte Gesteinsstück in einem heraus, wobei sie einen Trick anwendeten, hinter den die Wissenschafter der Jetztzeit mit allem Scharfsinn bisher nicht gekommen sind.

Abgenützte Schultern vom Lastentragen

Wer waren die Menschen, die vor rund dreitausend Jahren begannen, in den Berg hineinzugraben, und die dann eine so ertragreiche Produktion aufzogen, dass sie selbst noch die Gräber ihrer Verstorbenen mit kostbaren Beigaben, mit edlem Bernstein und sogar mit Gold, ausstatten konnten? Wenn wir fragen, wie sie lebten, dann geht es ohnehin nur um die realen Strukturen, denn welche Sorgen die Leute hatten, worüber sie sich freuten, wie sie ihre freie Zeit verbrachten, das alles werden wir nie erfahren, ebenso wenig, wie viel die Frauen bei ihnen galten, ob sie diese in Liebe umwarben oder in räuberischer Manier über sie herfielen, ob sie sich dem Nachwuchs freundlich zuwandten oder ob Furcht und Angst als die richtigen Erziehungsmittel galten.

Nach allem, was wir aus den Funden erfahren, dürfte es sich um friedliche Menschen gehandelt haben. Nicht mehr als ein paar hundert Leute siedelten am Salzberg, aber so ziemlich alle mussten schwer arbeiten. Man erkennt das an den Skeletten. Deren einseitig abgenützte Schultern beweisen, dass sie häufig schwere Lasten, vor allem Salz und Abraummaterial, zu tragen hatten. Man hat auch überlegt, ob es sich nicht um die Siedlung von Wanderarbeitern gehandelt hat, die immer wieder nach Hause zurückkehrten, wenn sie genug Salz gehauen hatten. Es wurden nämlich in den Gräbern Elemente völlig fremder Kulturen festgestellt. Da man aber auch die Überreste von Frauen und Kindern fand, neigt man zu der Auffassung, dass es sich um eine Siedlung mit eher normaler Bevölkerungsstruktur handelte, zu der gelegentlich Arbeiter aus fremden Gegenden stießen. Wie die Menschen in dem schneereichen, nur auf steilen Wegen erreichbaren Hochtal den Winter verbrachten, bleibt freilich völlig offen.

Bis heute hat man nicht die geringste Spur von ihren Siedlungen angetroffen. Einige Forscher vermuten, diese seien durch einen gewaltigen Bergsturz vernichtet worden, etwa durch jenen, der sie um 400 vor Christus auch zwang, das Salzbergwerk aufzugeben; andere meinen, sie hätten unten am See gesiedelt. Es scheint aber absurd anzunehmen, sie hätten ihre Toten vierhundert Meter hoch auf den Salzberg geschleppt, um sie hier zu begraben. Noch spannender ist freilich die Frage, wie es um das religiöse Denken dieser Leute stand. Das Gräberfeld gibt darüber keinen Aufschluss. Die einen Menschen wurden bestattet, die anderen verbrannt, Skelettgräber liegen scheinbar willkürlich neben Brandgräbern, bei Reichen wie bei Ärmeren kommen beide Arten vor, das ging durch die ganze Zeit der Hallstattkultur so.

Vor allem fehlt jeder Hinweis auf einen Kultplatz. Gottlos werden die Hallstattleute sicherlich nicht gewesen sein, im Gegenteil. Vielfach befielen die Menschen früherer Zeiten heftige Gewissensbisse, wenn sie ihre Mutter Erde angriffen, sich in ihren Leib bohrten und ihr die Schätze, etwa das Salz, entrissen. Sie bemühten sich, sie und die übrigen Götter um Verzeihung zu bitten und zu versöhnen, und das wird bei den Salzbergknappen nicht anders gewesen sein. Aber wo haben sie ihre Opfer dargebracht, wo haben ihre rituellen Tänze, ihre Gottesdienste stattgefunden? Zwei Örtlichkeiten bieten sich an, auch wenn es bloße Vermutungen sind, Theorien, die zugegebenermaßen mehr auf der Stimmung des Platzes beruhen als auf geschlossenen Beweisketten.

Der eine Ort ist die Pfarrkirche von Hallstatt. Man kann sich kaum eine Örtlichkeit vorstellen, die für die Anlage eines Monumentalgebäudes weniger geeignet ist als der schmale Felsenvorsprung, auf dem das Gotteshaus steht. Hart an den Felsen geklebt, von Feuchtigkeit und Steinschlag bedroht, so stellte sich der Kirchenbauplatz dar. Die Evangelischen, die im 19. Jahrhundert bauten (weil es ihnen vorher nicht gestattet war), wählten geschickterweise ein Areal unten am Mühlbach und hatten eine halbwegs ebene Fläche zur Verfügung, während die Katholiken für die Erweiterung ihrer Kirche und die Anlage des Friedhofes gigantische Stützmauern aufziehen und Aufschüttungen vornehmen mussten. Schön ist sie ja, diese Situierung, sie setzte schon den Freund Adalbert Stifters, Friedrich Simony, in Begeisterung. „Sie wissen, welche wunderbare Lage die Kirche hat", schwärmte er. „Auf hoher Quaderterrasse ruht der altehrwürdige gotische Bau, um ihn schmiegt sich der Friedhof! Eine malerischer situierte Begräbnisstätte dürfte es kaum mehr im ganzen Bereich der Alpen geben." Aber – so möchte man ergänzen – wie unpraktisch! Könnte es nicht sein, dass man den ausgefallenen Ort deshalb wählte, weil sich hier schon seit jeher eine Kultstätte befand, deren Andenken über Jahrhunderte, schwach zwar, aber immerhin, erhalten geblieben war? Und dass man hier, wo sich die Erinnerung an die Kulte der Erdmutter erhalten hatte, eine der Gottesmutter Maria geweihte Kirche erbauen musste, um solche Erinnerungen zu verchristlichen?

Schwerarbeit unter Tag: prähistorischer Bergmann mit Pickel in einem Stollen des Hallstätter Salzbergwerks.
Nächste Doppelseite: Trickreiche Abbaumethode: Die Bergleute hieben herzförmige Rillen ins Gestein und brachen die Stücke dann in einem heraus.

Daneben steht eine sehr alte, dem Erzengel Michael geweihte Kapelle, deren Patrozinium ebenfalls in sehr frühe Zeiten verweisen könnte. Sie ist übrigens eine der Merkwürdigkeiten des Ortes, denn in ihr liegen, ordentlich geschichtet und gestapelt, mengenweise menschliche Knochen, vor allem Schädel. Zum Teil wurden sie beschriftet und hübsch bemalt, ein makabrer Umgang mit den Überresten von Verwandten und Freunden. Dass sich ausgerechnet in Hallstatt derartiges erhalten hat, verleitete vielfach zu der Annahme, hier habe sich keltischer Schädelkult über die Jahrhunderte gehalten, die Aufbewahrung und Schaustellung der Totenköpfe habe man als Brauch von den prähistorischen Ahnen übernommen, die sich bekanntlich die Häupter ihrer Feinde über die Haustüren nagelten und die Schädelkalotten gerne als Trinkgefäße nutzten. In Wahrheit sind solche Beinhäuser in der Region, vor allem im Salzburger Land, häufig zu sehen, sie dienten der Kirche dazu, die Menschen an den Tod zu erinnern. In Hallstatt kam noch die Raumnot auf dem kleinen Friedhof dazu, welche dazu zwang, die Verstorbenen bald wieder auszugraben, ihre Knochen zu bleichen und in der Michaelskapelle zu deponieren.

Ein Brandopferplatz, auf dem die Menschen der Vorzeit jahrhundertelang den Göttern ihre Opfer darbrachten: der Johannesberg, die äußerste Spitze der Halbinsel von Traunkirchen.

Der Götze vom Johannesberg

Die zweite „verdächtige" Örtlichkeit, Traunkirchen am Traunsee, liegt rund vierzig Kilometer von Hallstatt entfernt. Dass es dort einen Kultplatz gab, ist einigermaßen sicher nachgewiesen, nicht belegte Hypothese ist freilich die Verbindung zum Salzort, aber man betrachte die örtlichen Verhältnisse!

Nähert man sich dem Salzdistrikt von Norden, vom dichter besiedelten Donautal, her, dann ist zunächst das verkehrsgünstige Alpenvorland zu durchqueren. Am Traunsee schiebt sich aber ganz unvermittelt die mächtige Barriere des Sonnsteins gegen das Wasser vor, die mit ihren Felsen das Weiterkommen entschieden erschwert und in der Folge unmöglich macht. Es gibt nur zwei Möglichkeiten, in das obere Trauntal, in das Gebiet der Salzlager, vorzudringen: entweder einen schweißtreibenden Weg über die Höhe zu suchen oder per Schiff das Südufer des Sees anzusteuern.

Sehr wenig wahrscheinlich ist es, dass die eigentümliche Szenerie auf die Menschen der Vorzeit nicht Eindruck gemacht hätte. Es scheint, als hätten die Götter eine Sperrmauer errichtet, um

Seit zwei Jahrtausenden eine Kultstätte: der Georgenberg bei Micheldorf an der Krems. Grabungen im Umkreis der Filialkirche zum heiligen Georg brachten die Reste eines gallo-römischen Umgangstempels zutage.

das Innere des Gebirges zu schützen. Und der Sonnstein, stand er nicht da wie ein Thron, auf dem die Götter ihren Sitz haben, um ihr Reich zu bewachen? Kein Wunder, dass sozusagen in seinem Schatten ein Kultplatz entstand, sei es, damit dort die Reisenden bei Ankunft und Abfahrt Bitt- oder Dankopfer bringen könnten, sei es einfach, um die Berggötter zu verehren, sei es aus sonstigen Motiven. Denn dass solches geschah, daran gibt es wenig Zweifel.

Der Johannesberg, die äußerste Spitze der Halbinsel von Traunkirchen, die dem Sonnstein direkt vorgelagert ist, erbrachte unglaubliche Mengen an archäologischem Material, so viel wie kaum ein anderer Ort unseres Landes. Hier lagen Tonscherben aus dem ganzen letzten vorchristlichen Jahrtausend und auch aus der Zeit nachher. „In einem Kubikmeter Aushub lag ein halber Kubikmeter Hauskeramik von der späten Urnenfelderzeit bis ins Spätmittelalter datierend." In beträchtlicher Tiefe fand sich eine Lehmplatte, die der Ausgräber, Professor Felgenhauer, als Opferstein deutete. Er meint, der Johannesberg sei ein Brandopferplatz gewesen, auf dem die Menschen der Vorzeit jahrhundertelang den Göttern ihre Opfer darbrachten.

Solche Brandopferplätze gibt es in den Alpen häufig. Hier, in Traunkirchen, schließt sich uralte Überlieferung an den Befund der Ausgräber an, denn der Johannesberg galt als heiliger Berg, aber auch als heidnischer Berg. „Einst der Schlupfwinkel heidnischer Seeräuber, jetzt heiligen Johannes dem Täufer geweiht", steht über dem Portal der auf der Höhe errichteten Kirche geschrieben.

Wer waren diese unchristlichen Piraten, die demnach vom Berg aus den friedlichen Traunsee unsicher machten? – Der Schluss liegt nahe, in dem abseitigen Seewinkel von Traunkirchen hätten sich vorchristliche Vorstellungen und Gebräuche länger gehalten als anderswo. An einem Ort mit einer dermaßen eingewurzelten Kultkontinuität, wo uralte Vorstellungen von Göttersitz und Brandopfern lebten, wird es eben schwer gewesen sein, diese auszurotten. Und so könnte die Felsenkuppe tatsächlich den letzten Schlupfwinkel „heidnischen" Wesens gebildet haben. Die Sage bestätigt es: Es heißt, die Markgrafen von Österreich hätten eine blutige Schlacht ausfechten müssen, um die Ungläubigen an diesem Ort zu überwinden, sie hätten ein Götzenbild gestürzt und dann ein Kloster gegründet, die Nonnenabtei Traunkirchen. Wenn auch manches bei der Sage nicht zusammenpasst und die Markgrafen von Österreich erst lange nach der Ausrottung des „Heidentums" lebten – ein Rest von Realität mag in der Geschichte vom Sturz der alten Götter stecken. Und den besiegten „Heiden" wurde sowieso alles Schlechte nachgesagt, etwa auch dass sie Räuber waren, Seeräuber sogar, und brutale Unmenschen.

Memento mori: Grabplatte in der St.-Laurenz-Kirche in Lorch.

Ein altes Bild im Pfarrhof von Traunkirchen schildert die Vorgänge bei der Gründung des Klosters. Man sieht die beiden Markgrafen in ritterlicher Adjustierung, wie sie der Gottesmutter die Kirche darbringen und den Klosterschwestern die Insignien ihrer Würde übergeben. Hinter ihnen tobt die Schlacht, man sieht, wie die Heere aufeinanderprallen. Es kippt aber auch das Götzenbild vom Sockel, ähnlich wie es mit den Stalindenkmälern am Ende des Kommunismus geschah. Von dieser Götterstatue soll tatsächlich ein Stück erhalten sein, nämlich ihr Kopf. In der Kirche am Johannesberg ist in einer Nische der Rest einer römischen Statue aufgestellt, die Wissenschaft hält ihn für die Büste eines römischen Kaisers. Seit vielen Generationen wird sie den Besuchern als Götzenbild gezeigt, dessen Standort, rund zwei Meter über dem Fußboden, die Leibesgröße der damaligen Menschen andeuten soll.

Immerhin beweist der steinerne Schädel, dass sich auch die Römer hier breitgemacht haben. Im nahen Gmunden wurde eine Villa aus ihrer Zeit ausgegraben und nach einer romantischen Tradition sollen sie dem Traunsee die Bezeichnung *Lacus Felix*, der „glückliche See", gegeben haben. Viel deut-

Die Gruft der bedeutenden oberösterreichischen Adelsfamilie Scherffenberg in der St.-Laurenz-Kirche.

licher sind freilich die Spuren, die sie in der Krisenzone ihres Imperiums, an der „nassen Grenze" zu den Germanen, der Donau, hinterlassen haben.
Einer ihrer Hauptstützpunkte lag dort, wo sich heute die Stadt Enns erhebt. Mit Verwunderung merkt dort der Besucher, wie dort der Verlauf der Straßen im Bereich des einstigen Römerlagers noch immer den Vorgaben folgt, die vor 1800 Jahren von den Soldaten entwickelt worden waren, als sie in dem damals noch freien Gelände ihre Kasernen errichteten. An einer Stelle kann man sogar noch ganz deutlich die Gräben und Wälle erkennen, welche sie damals mit ihren Hauen und Schaufeln anlegten. Gegen Ende des zweiten nachchristlichen Jahrhunderts herrschte in Rom höchste Alarmstufe. Die jenseits der Donau wohnenden Germanenstämme begannen nach Süden zu drängen; sie stießen auf römisches Gebiet vor, richteten allenthalben Unheil an und gelangten plündernd, zerstörend und mordend bis nach Oberitalien. Man erkannte, dass die Donauländer besser befestigt werden müssten, und verlegte eine ganze Legion an die Ennsmündung, wo das Lager Lauriacum gegründet wurde. Es entstand ein „wirtschaftlicher Großraum" mit ungefähr

6300 Menschen im Legionslager und rund 12.000 Bewohnern in der anschließend gegründeten Stadt. Zum Vergleich: Die Stadt Enns hat heute nur ungefähr 10.600 Einwohner.

Im ganzen Bereich gibt es immer noch eine leise Aura der Antike. Schlendert man durch die Gassen, gerät man da an einen Römerstein, dort an die Fundamente eines römischen Hauses. Neben dem Aufgang zur Kirche St. Laurenz (von der noch die Rede sein wird) stellt sich eine ordinäre Stützmauer von 30 cm Höhe als Gebilde aus der Römerzeit dar. Das Espelmayrfeld und das Ziegelfeld haben einen guten Namen bei den Archäologen, dicht an dicht lagen unter ihnen die Relikte aus dem Altertum. Das städtische Museum genießt Ansehen als eine der reichsten und bestsortierten Antikensammlungen Österreichs, und nicht zuletzt sei auf das Hotel Lauriacum verwiesen, das ebenso wie das Restaurant „Am Limes“ und die Pension „Zum Römer“ die Vergangenheit recht aktuell als Werbeträgerin nutzt.

Römisches im ganzen Land

Aber diese Aura der Antike, liegt sie nicht auf weiten Strecken über dem ganzen Land Oberösterreich südlich der Donau? 1828 erging ein Erlass, der anordnete, Römersteine, die irgendwo bei Grabungs- oder Ackerarbeiten ans Licht kamen, an der Außenwand der nächsten Kirche einzumauern. So findet der aufmerksame Reisende zuweilen an höchst unscheinbaren Gotteshäusern römische Grabdenkmäler, oft von großer Schönheit und Anziehungskraft, wie etwa eine Platte in Schleißheim bei Wels, die eine nackte Tänzerin zeigt, oder einen Denkstein in Tarsdorf bei Braunau, den eine gewisse Lollia Pocca ihrem verstorbenen Gatten Viator setzte. In der Volksschule von Weyregg am Attersee geht die örtliche Jugend im Foyer der Volksschule täglich an einem römischen Mosaik vorbei. Im selben Ort finden sich die Reste der antiken Hafenanlage für die Atterseeboote. In Bad Neydharting spazieren die Kurgäste gerne ins „Totenhölzl“ zu den Relikten eines 1900 Jahre alten Hauses, und in Mösendorf bei Vöcklamarkt erinnert ein auffällig neben der Bundesstraße 1 aufgestellter Meilenstein daran, dass schon die römischen Reisenden registrierten, welche Strecke sie seit der letzten Stadt zurückgelegt hatten. Die Meilensteine sind die Vorläufer der heutigen Kilometersteine, nur dass sie nicht wie ihre antiken Vorgänger einen langen Lobpreis auf die Tüchtigkeit der Regierung enthalten. Auch die Straßen selbst sind mitunter im Gelände erkennbar, etwa nördlich von Wels zwischen Neubau und Oftering.

Man erinnert sich hierzulande gerne an die Römer. Sie sind das populärste aller Völker, die in der Vorzeit unseren Raum besiedelt haben. In Kematen an der Krems hat man einen im Ort gefundenen Römerstein, der ebenfalls in der Schule einen Ehrenplatz hat, zum Anlass genommen, das Gemeindewappen mit einem Legionärshelm auszustaffieren und alle Jahre ein rauschendes Römerfest abrollen zu lassen. Am Georgenberg bei Micheldorf wurden pietätvoll die Überreste eines römischen Gebäudes, vermutlich eines Tempels des Kriegsgottes, in der Kirchenmitte sichtbar gelassen. Und in Walchen bei St. Georgen im Attergau hält sich für einen alten Turm hartnäckig der Name „Römerturm“, obwohl sich die Gelehrten nicht recht einig darüber sind, ob der Bau tatsächlich so alt ist. Es führt sogar der jüngst kreierte „Römerradweg“ in unmittelbarer Nähe vorbei.

Zur Hochform lief in unseren Landen die Antike erst beim letzten Abdruck ihrer Geschichte auf, in einer Zeit, welche die Historiker gemeinhin als die „Periode des Verfalls“ bezeichnen. Für viele Jahrzehnte herrschte damals das Chaos, das Reich schien der Auflösung nahe. Erst um das Jahr 300 kam ein tatkräftiger Mann zur Macht, der wieder einigermaßen Ordnung in die verfallenden Strukturen brachte, der Kaiser Diokletian. Er gliederte unter anderem

Zauberhafte römische Kleinplastik: die „Venus von Wels", gefunden im Deixlergut, Hof bei Gunskirchen. Bronze, 1./2. Jahrhundert nach Christus.

die Provinzen neu. *Ovilavis*, das ist Wels, wurde die Hauptstadt der Provinz *Noricum Ripense*, also unseres Gebietes. Hier amtierte der Statthalter, Aquilinus mit Namen. Der hielt eines Tages ein kaiserliches Dekret in der Hand, worin angeordnet wurde, alle Anhänger des christlichen Glaubens, welche die vorgeschriebenen Opfer für die Reichsgötter und die Herrscher verweigerten, zu maßregeln. Der pflichtbewusste Statthalter fackelte nicht lange, begab sich nach Lauriacum und ließ dort vierzig Personen, die als Christen bekannt waren, einsperren. Die Grundsätze der Humanität fanden keine Beachtung. Es heißt, die Leute seien im Kerker umgekommen; ob sie dort umgebracht wurden oder verhungerten, ist nicht bekannt.

Als der frühere Amtsleiter der statthalterischen Kanzlei, ein gewisser Florian, der in *Aelium Cetium*, dem heutigen St. Pölten seinen Ruhestand verbrachte, von den Vorgängen in Lauriacum hörte, reiste er dorthin. Bereits an der Ennsbrücke erklärte er den Wachen, er sei ebenfalls Christ, worauf er dem Aquilinus vorgeführt wurde. Der verhörte den prominenten Mann, ließ ihn foltern und schließlich mit einem großen Stein um den Hals in die Enns werfen. Das geschah am 4. Mai 304, also zu einer Zeit, in welcher der Fluss wegen der Schneeschmelze in den Bergen normalerweise viel Wasser führt.

Die Martyrer von Lorch melden sich

Die vierzig Christen, die im Kerker zu Tode gekommen waren, standen jahrhundertelang völlig im Schatten des ertränkten Florian, der später zu einem hoch verehrten Märtyrer avancierte, und gerieten einigermaßen in Vergessenheit. Erst im 20. Jahrhundert riefen sie sich auf recht spannende Weise ins Bewusstsein.

Ein Mann mit Charisma und Autorität, von dem die Zeitgenossen glaubten, dass er Wunder wirken könne: Der heilige Severin segnet den Skirenfürst Odoaker vor seinem Zug über die Alpen.

Die Pfarre Enns hatte in St. Laurenz zu Lorch eine Friedhofskirche, die für ihren Zweck eindeutig zu groß war. Sie lag weit außerhalb der Stadt und belastete die geistlichen Finanzen beträchtlich. Es gab Vermutungen, der Bau sei von ehrwürdigem Alter, und so musste man sich um 1900 wohl oder übel zu einigen Reparaturen entschließen. Als man den Altar zerlegte, kam unvermutet ein steinerner Behälter zum Vorschein, der menschliche und tierische Knochen enthielt. Am Deckel der Kiste war eine römische Inschrift angebracht. Das alles kam den zuständigen Stellen recht merkwürdig vor, denn Gebeine in einem Altar deuten auf Überreste von Märtyrern hin. Sie suchten Rat in Rom, und von dort kam die Antwort, wegen der untergemischten Tierknochen sei an der Sache sicher nichts dran: die Gebeine seien im Friedhof zu vergraben. Damit wurde der Mesner der Lorcher Kirche beauftragt, und die Sache schien erledigt.

42 Jahre später tauchte eine eigentümliche Gestalt in Enns auf, ein hagerer, bärtiger Mann, der Alois Stumpfl hieß und sich Pater Timotheos nannte. Er war der außereheliche Sohn der Postmeisterin von Taufkirchen im Innviertel, hatte sich mit der Kirche überworfen und trat in der ausgefallenen Würde eines syrisch-orthodoxen Bischofs auf. Er war Experte in Fragen der Reliquienforschung, hatte von den Vorgängen im Jahre 1900 gehört und regte an, die Gebeine auszugraben und zu untersuchen. Der Mesner von St. Laurenz konnte als Einziger glücklicherweise die Stelle zeigen, an der die formlose Bestattung erfolgt war, kurz darauf verstarb er. Nun wurden die exhumierten Körperteile wissenschaftlich analysiert, es stellte sich heraus, dass sie von ungefähr 31 Individuen stammten. Die Reste der Stoffe, die die Skelette umhüllten, wurden in das vierte oder fünfte Jahrhundert datiert. Besonders auffällig war die Tatsache, dass die Steinkiste, in der die Überreste gelagert worden waren, bis auf den Zentimeter genau in das Fundament des Altares der ersten Lorcher Basilika passte.

Inzwischen hatten nämlich in der St. Laurenz-Kirche umfangreiche archäologische Untersuchungen eingesetzt. Man fand römische Gebäudereste, die etwas voreilig als Tempel oder gar als Jupiterheiligtum von Lauriacum gedeutet wurden. (Heute ist man sich nicht mehr sicher, ob es sich nicht eher um ein Wohnhaus gehandelt hat.) Es folgte nacheinander eine Reihe von Kirchen, in denen anscheinend immer der Reliquienbehälter eine große Rolle gespielt hat, bis er irgendwann im Altar des gotischen Gotteshauses verschwand und allmählich in Vergessenheit geriet.

Constantius und der brennende Heuhaufen

Die erste Kirche wurde um 370 angelegt. Sie wurde achtzig Jahre später zerstört, vermutlich von den Hunnen, und mit gleichem Grundriss wieder aufgebaut. Es war die Zeit, als die römische Bevölkerung bereits arg unter herumziehenden Germanen und marodierenden Banden zu leiden hatte. Sie statteten daher ihr Gotteshaus mit einem massiven Wachtturm aus, dessen Mauerwerk noch heute den Unterbau des Kirchturmes von St. Laurenz bildet. Hier amtierte um 470 ein Bischof namens Constantius. Es war die Zeit, als die notleidende Bevölkerung von einem Mann namens Severinus beraten und betreut wurde. Dieser hatte dem Bischof mitgeteilt, dass ein Überfall „barbarischer" Alemannen drohe, und dringend geraten, Hab und Gut in das noch immer befestigte Legionslager zu schaffen sowie die Leute dorthin in Sicherheit zu bringen. Müde geworden durch ständige derartige Warnungen, folgten sie offenbar nur widerwillig den Ratschlägen. In der Nacht aber geriet auf den Feldern ein Heuhaufen in Brand. Die Menschen im Lager meinten, der Feind sei schon da und waffneten sich unter entsprechendem Lärm. Die Germanen wieder meinten, sie seien verraten worden, und zogen kampflos ab. Erst da merkten die Romanen, wie nahe die Gefahr gewesen war, denn die Leitern für die Erstürmung der Mauern waren bereits hergerichtet gewesen.

Der Heilige von der Grenze: Severin hatte gute Verbindungen zu den Germanen und verkehrte mit den vornehmsten Römern. Darstellung am „Severinstor" der Lorcher St.-Laurenz-Kirche.

Dieser Severin ist eine der bemerkenswertesten Gestalten in der Geschichte Oberösterreichs. Es handelte sich offenbar um einen hochgestellten Mann aus Italien – einmal wird er mit dem Titel *illustrissimus vir* angeredet, was man etwa mit „Exzellenz" übersetzen könnte –, der sich entschlossen hatte, der Bevölkerung in der schwer bedrängten Grenzprovinz Noricum Hilfe zu leisten. Er hatte gute Verbindungen zu den Germanen, auch wenn sie nicht dem katholischen Glauben angehörten, er verkehrte mit der Prominenz des in den letzten Zügen liegenden Römerreiches, er schrieb den Grundbesitzern Abgaben vor und organisierte schließlich die Umsiedlung der Romanen aus Gebieten, die nicht mehr zu halten waren. In Lauriacum entstand durch ihn ein großes Auffanglager, für das er noch einmal eine Lieferung Öl aus Italien zustande brachte.

Das antike Bild des „Barbaren": Bronzestatuette eines gefesselten Germanen im Museum Lauriacum.

Während in dieser Zeit um 500 das römische Schrifttum allmählich erlosch und sich bleierne Dunkelheit über Mitteleuropa ausbreitete, hat der Biograf Severins, ein Abt namens Eugippius, mit seiner Schrift, die übrigens nicht uninteressant zu lesen ist, die Zustände in Noricum wie mit einem Scheinwerfer in helles Licht getaucht. Er schreibt zwar im typischen Stil seiner Zeit und will in erster Linie seinen Helden glorifizieren. Wir müssen nicht unbedingt alles für bare Münze nehmen, was er uns erzählt, etwa wenn er berichtet, Severin habe jahraus, jahrein dieselbe Kutte getragen, habe auf dem bloßen Erdboden geschlafen und sei bei jedem Wetter, auch bei Eis und Schnee, barfuß gegangen; alles in allem ergibt sich aber eine recht lebendige Schilderung des Lebens im damaligen Land an der Donau.

Schon Severin hatte gemeint, es wäre das Gescheiteste, wenn die romanische Bevölkerung aus den gefährdeten Donaugebieten in die relative Sicherheit der Urheimat Italien zurückkehre. Acht Jahre nach seinem Tod wurde diese Evakuierung organisiert. Der Leichnam des verehrten Heiligen wurde mitgenommen und ist auf diese Weise nach Neapel gelangt. Wenn auch nicht alle Romanen abzogen, die Römerzeit war damit in unserer Gegend endgültig Geschichte geworden, die Germanen prägten jetzt das Gesicht des Landes.

Sieben gefälschte päpstliche Urkunden

Lauriacum, später Lorch genannt, dürfte aber weiterhin ein Stützpunkt romanischen Lebens gewesen sein. Die Basilika wurde weiter benützt; vor seinem Feldzug gegen die Awaren sammelte Kaiser Karl der Große hier seine Truppen und ließ feierliche Gottesdienste abhalten. Solche und andere Hinweise veranlassten im 20. Jahrhundert den Historiker Ignaz Zibermayr zu der bisweilen heute noch vertretenen These, Lorch sei die erste Hauptstadt des bayrischen Stammes gewesen. Erst als die Awarengefahr immer ärger wurde, hätten sich die Herzöge nach Regensburg zurückgezogen. Auf die Idee, Lorch sei vordem etwas Besonderes gewesen, ist aber nicht erst der Linzer Hofrat gekommen, sondern schon tausend Jahre zuvor ein machtbewusster Kirchenfürst, Bischof Pilgrim von Passau.

Dieser hatte ein riesiges Bistum zu betreuen, dabei ärgerte es ihn, dass er dem Salzburger Erzbischof unterstand. Er forschte in der damals noch nicht so lange zurückliegenden Vergangenheit und glaubte, Beweise gefunden zu haben, wonach die

Oberhirten von Lauriacum mit der erzbischöflichen Würde ausgestattet waren. Er konstruierte eine Liste solcher Lorcher Erzbischöfe, die bis zu dem geschichtlichen Vivilo reichte, der aus Angst vor den Awaren nach Passau übersiedelt sei. Aus dem Recht der Nachfolge ergab sich für Pilgrim der Anspruch auf den Rang eines Erzbischofs. Da er keine schriftlichen Unterlagen für seine Theorie vorlegen konnte, fabrizierte er zwei königliche und fünf päpstliche Urkunden, die seine Erfindungen beweisen sollten. Alle seine Fälschungen verfingen aber nicht, Pilgrim starb nicht als Erzbischof, sondern als einfacher Bischof.

Nur in Enns glaubte man dem fabulierenden Kirchenmann. Die Theorien wurden weiter ausgebaut, man verstieg sich zu immer kühneren Behauptungen, welche die ungeheure Bedeutung des Ortes belegen sollten, und erzählte, der Apostel Petrus selber habe Lauriacum einen Besuch abgestattet, einen Erzbischof installiert, und die Evangelisten Markus und Lukas hätten der Stadt den christlichen Glauben verkündet. Wie sehr sich solche Geschichten im Selbstbewusstsein der Bürger auswirkten, mag man ermessen, wenn man auf dem Stadtturm, der sich mitten auf dem Hauptplatz erhebt, die stolze lateinische Inschrift liest, deren Übersetzung lautet:

Klein ist die Stadt, die du siehst,
sie hat keinen klingenden Namen,
Doch der allmächtige Gott sorgt sich in Liebe für sie.
Sie ist, was blieb von Laureacum.
In diesen Gebieten
kündeten Christi Wort
Marcus und Lucas vereint.

Wer sich mit der Römerzeit in Oberösterreich befassen will, kommt an Lorch und Enns nicht vorbei. Die Stadt, die heute recht bescheiden im Schatten von Linz liegt, war damals Brennpunkt vieler Ereignisse. Das ist sie aber geblieben bis in unsere Zeit. Wenn man will, kann man sogar sagen, dass der Zweite Weltkrieg in diesem Gebiet endete, denn am 8. Mai 1945, dem Tag, an dem das Deutsche Reich kapitulierte, trafen ganz in der Nähe die amerikanischen und die sowjetischen Truppen aufeinander. Die Russen nahmen Niederösterreich für sich in Anspruch, der Ennsfluss wurde zur Demarkationslinie, die Österreich in zwei Teile trennte, und die Brücke wurde zum Symbol für Besatzung und Unfreiheit. Bis hierher reichte die Herrschaft Stalins, er grüßte mit erhobener Hand auf einem Bild am Häuschen, in dem seine Soldaten die Identitätsausweise kontrollierten. Mit großer Angst überschritten die Menschen die Grenze, und manchem wurde sie tatsächlich zum Verhängnis. So griffen die Posten noch im Jahre 1948 die Sektionsleiterin eines Ministeriums auf, die ihren Chef auf der Fahrt nach Wien begleitete. Sie wurde ohne Umstände in die Sowjetunion gebracht und sieben Jahre lang gefangen gehalten. Es war einer von vielen Übergriffen, die sich schrecklich mit dem Wort Enns verbinden.

Freilich gab es zuweilen auch erfreulichere Episoden an der Ennsbrücke, etwa die eines Reisenden, dessen Ausweis auffällig genau studiert wurde und der sodann in die Grenzhütte hineingewinkt wurde. Mit schlotternden Knien folgte er dem Russen. Der aber schenkte zwei Gläser Wodka ein und sagte: „Du heute Geburtstag. Na sdarowje!"

Es war eine seltsam anrührende Szenerie, als wir an einem schönen Sonntagnachmittag beim Fölsensteinerkreuz in der Nähe des Aistflusses standen und plötzlich eine Gruppe von Leuten auftauchte, die gekommen waren, um bei der einsam am Waldrand gelegenen Kapelle ihre Andacht zu verrichten. Sie zogen vermutlich zu der Muttergottes, die mit ihrem Kind auf dem kleinen Altar steht, vielleicht auch zu dem namengebenden Kreuzbild an der Wand. Uns aber faszinierte in erster Linie der flache, niedrige Stein, der vor dem Heiligtum aus dem Erdboden ragt, ein dunkler Granit mit tiefen, wassergefüllten Mulden. In der einschlägigen Literatur wird von der Auffassung berichtet, hier habe die heilige Maria auf der Flucht nach Ägypten gerastet. Als wir aber einen der Andächtigen fragten, was es mit diesem Stein auf sich habe, erklärte er uns, hier sei die Himmelmutter gestanden, als sie in den Himmel aufgefahren ist.

Ein Wunderstein, der heute staubtrocken liegt: Schalenstein unweit von Helfenberg.
Linke Seite: In der Sage vom Teufel beherrschte Granitburg: der Heidenstein beim Mühlviertler Weiler Eibenstein.

Unheimliche Geschichten um die Steine

Man sieht daraus, dass die Sagen um die Steine des Mühlviertels flexibel sind und keinem festen Schema unterliegen. Das ganze Gebiet nördlich der Donau ist übervoll von Steingebilden, die durch ihre Lage und durch ihre seltsamen Formen in hohem Maße geheimnisvoll erscheinen. Sie zogen schon immer die Bewohner der umliegenden Gehöfte an, für die Kinder bildeten sie vortreffliche Abenteuerspielplätze, und man kann sich vorstellen, dass die Leute beim abendlichen Zusammentreffen, etwa der sogenannten „Roggaroas“, interessiert zuhörten, wenn ein begabter Geschichtenerzähler von Ereignissen berichtete, die sich um diese rätselhaften Felsblöcke zugetragen hatten. So entstand die Überzeugung, auf diesem oder jenem Felsen sei um Mitternacht der Teufel gesichtet worden, wie er mit funkelnden Augen seine Schätze zählte oder wie er Leute, die um diese Zeit noch vorübergingen, in seine höllische Gewalt zu bringen versuchte. Ungezählt sind die Berichte von solchen Teufelssteinen, und man kann annehmen, dass sie eine Ortschaft von der anderen übernahm, denn sie klingen häufig da wie dort gleich. Dasselbe gilt von den Sagen, die berichten, wie beladene Heuwägen in Steinblöcke verwandelt wurden, wenn ein Knecht die Arbeit beim Gebetläuten partout nicht unterbrechen wollte, wegen eines Missgeschicks gotteslästerlich fluchte oder gar den Teufel um Hilfe anrief, weil die Pferde nicht anzogen. Gelegentlich steigerte man sich noch tiefer in grausige Geschehnisse hinein, etwa in der Sage vom Spielstein, der zwar nicht im Mühlviertel liegt, aber auch noch in Oberösterreich, nämlich in den Wäldern oberhalb von Bad Goisern.

Demzufolge hatten zwei Wilderer eine schwangere Frau zu diesem Stein verschleppt. Sie hatten sie gefesselt und geknebelt und wollten ihr das Kind aus dem Leib schneiden, um sich durch den Genuss des Blutes, speziell des Herzens, unverwundbar zu machen. Ob sie eine letzte Spur von Scheu hatten oder ob sie ihren Sadismus auf die Spitze treiben wollten – sie begannen auf dem Stein zu spielen, nämlich zu würfeln, und der Verlierer sollte die Untat vollbringen. Da tauchte plötzlich ein Jäger auf, der durch gezielte Schüsse die Bösewichter erlegte und das Mädchen im letzten Moment befreite.

Abwegig wäre es aber anzunehmen, die Geheimnisse, die sich um die Steinblöcke ranken, seien allesamt bloßes Erzählgut, das zur Unterhaltung abendlicher Gesellschaften erdacht worden sei. Es gibt genügend Beweise dafür, dass einzelne dieser Gebilde im religiösen Leben der früheren Bewohner eine erhebliche Rolle spielten, vorab die Schalensteine. Granit verwittert ganz anders als etwa Kalk, häufig bilden sich an der Oberfläche Mulden, Gruben, Wannen, Becken. Bei vielen hat der Mensch nachgeholfen und ihnen etwa kreisrunde oder exakt viereckige Formen gegeben; es entstanden markante Vertiefungen, die der Phantasie reichlich Anregung gaben. In manchen davon steht ständig Wasser, und man kann beobachten, dass sie auch dann nicht austrocknen, wenn es wochenlang heiß ist und kein Regen fällt. Gelegentlich finden sich Schalen nebeneinander, von denen die eine wassergefüllt und die andere trocken ist. Otto Milfait, der, soweit dies überhaupt möglich ist, alle diese Steine besucht und beschrieben hat, schöpfte die Schalen aus und deckte sie mit Plastikplanen ab, dessen ungeachtet war das Wasser bald wieder da.

Die Raststätten der Himmlischen

Es nimmt nicht wunder, dass die rätselhaften Naturdenkmäler mit überirdischen Wesen in Verbindung gebracht wurden, mit Geistern und Dämonen, aber auch mit den damals noch im Kurs stehenden Göttern, die, wie man meinte, in der Welt herumzogen, sich überall und nirgends aufhielten, aber allenthalben in den Lauf der Dinge eingriffen. So konnte sich in einem abgelegenen Dorf die Meinung bilden, die Göttermutter habe auf dem granitenen Monument im nahe gelegenen Wald gerastet, der Stein sei ihr heilig, dort wolle sie verehrt werden. Kelten wie Germanen hatten ja ihre Kultplätze in der freien Natur. Da die Gottheiten in ihrem Wesen undeutlich und nur in Episoden und Anekdoten fassbar waren, ließen sich die Geschichten um die Steine problemlos in das Weltbild einordnen.

Die heiligen Gestalten des Christentums hatten hingegen einen historischen Hintergrund. Sie hatten in Judäa und Galiläa, in Bethlehem und Jerusalem gelebt. Die Vorstellung von den überirdischen Wesen, die auf den Felsen gerastet hatten, war aber dermaßen eingewurzelt, dass die Leute schließlich ohne Bedenken zur Auffassung kamen, es sei halt die heilige Maria gewesen, die auf der Flucht nach Ägypten dort gesessen sei. Den Missionaren der neuen Religion war das immer noch lieber als die Überlieferung von den alten Gottheiten, sie suchten aber die Stätten immer mehr zu verchristlichen, und genau das kann man an etlichen von ihnen nachvollziehen. Es ist der beste Beweis dafür, dass diesen Steinen schon früh kultische Bedeutung zukam.

Da gibt es im hohen Norden des Landes, unweit des Marktortes Helfenberg, mitten im Wald auf einer Bergkuppe einen großen runden Granitblock mit ausgedehnten schalenförmigen Vertiefungen. In ihnen stand immer Wasser, und die Menschen nutzten es zur Behandlung von Krankheiten, denn es galt als geweiht, hatte doch eine heilige Frau dort gerastet. Diese heilige Frau war längst die Gottesmutter Maria geworden, und der Grund ihres Rastens war die Müdigkeit, die sie auf dem Weg nach Ägypten verspürte. Sie hatte dort die Nacht verbracht, und am Morgen zeigten sich in dem plötzlich

Mulden und Gruben, Wannen und Becken im Granit des Mühlviertels boten der Fantasie des Volkes reichlich Anregung und wurden mit dem Wirken überirdischer Mächte in Verbindung gebracht: Schalenstein bei Eibenstein.

weich gewordenen Stein die Abdrücke ihres Körpers. Die Wannen, die sich auf diese Weise gebildet hatten, eigneten sich dann vortrefflich dazu, das Jesuskind darin zu baden.

Um die Örtlichkeit mit der als einigermaßen abwegig empfundenen Überlieferung besser an das Christentum anzubinden, wurde bei dem Stein im Wald zunächst ein Kreuz aufgestellt, daher nennt man die Stelle heute noch „beim Waldkreuz“. Später folgte eine Kapelle, aber so recht glücklich waren die kirchlichen Instanzen mit der schwer kontrollierbaren Andachtsstätte nicht, weshalb zur Aufsicht ein Einsiedler angestellt wurde. Mit dem letzten der frommen Brüder hatte man Pech, er leistete, wie beklagt wurde, der Ausgelassenheit und Unzucht der Jugend Vorschub, sodass er seines Geschäftes enthoben und die Kapelle über obrigkeitliche Anordnung demoliert wurde. Die Bevölkerung ließ sich aber ihren Wallfahrtsort nicht nehmen und baute alles unbefugt wieder auf, was natürlich nicht geduldet wurde und eine neuerliche Sperre zur Folge hatte. Besonders schlecht war man auf den Wunder-

Uralter Kultplatz, überbaut mit einer Kapelle: Allerheiligen im Mühlkreis. Aus dem kultisch verehrten Felsen sollte eine christliche Wallfahrtsstätte werden.

stein zu sprechen. Der zuständige Dechant, offenbar ein Anhänger der Aufklärung, formulierte dieses Unbehagen so: „Wenn der Stein, auf dem nach leichtgläubiger Meinung Maria soll geruht haben, weggeschafft würde, so würde die Wallfahrt von selbst aufhören." Das wagte man dann doch nicht, im Gegenteil, 1836 entstand eine neue Kapelle. Aber man kam auf die Idee, den heiligen Stein außer Gefecht zu setzen. Er wurde überbaut, und das scheinbar pietätvolle Werk hatte den Effekt, dass er fortan kein heilsames Wasser mehr liefern konnte und bis heute staubtrocken daliegt. Er wurde, wie der Kultstättenforscher Karl Lukan schreibt, zu einem toten Gebilde. „Keine Flechten wachsen mehr auf ihm, kein Regenwasser spiegelt den Himmel in dem großen Becken wider." Vor allem gab es keine heilsame Flüssigkeit mehr, mit der man Krankheiten kurieren konnte.

Das Schicksal heiliger Steine

Es hat eben auch heiliges Gestein sein Schicksal. Schlecht war es, wenn es der Kirche missliebig wurde. Da konnte es etwa passieren, dass Kultsteine, die zuvor hochaktuell gewesen waren, auf einmal kaum mehr beachtet wurden, so wie es dem von Allerheiligen passierte.

Allerheiligen im Mühlkreis ist ein hoch gelegener, aussichtsreicher Ort, von dem man halb Oberösterreich überblickt, und noch ein gutes Stück Niederösterreich dazu. Dort erhebt sich ein etwa zwei Meter hoher Felsblock, der so vollständig von einer Kapelle überbaut ist, dass man zwar über primitive Stufen hinaufsteigen kann, oben aber kaum Platz zum Stehen findet. Die Leute sagen, die Wallfahrt zu dieser „Heiligensteinkapelle" sei älter als jene zur Pfarrkirche, die hundert Meter weiter im Dorfzentrum steht und um 1492 erbaut wurde. Der Verdacht liegt nahe, dass ihr Bau hauptsächlich deswegen durchgeführt wurde, damit die Leute von dem verehrten Naturheiligtum weggebracht würden.

St. Wolfgang am Stein: Auf dem Weg zu ihrer Base Elisabeth soll Maria hier einst Rast gehalten haben.

Um das zu bewirken, musste eine Geschichte erfunden werden, welche beweisen sollte, dass der Kirchenbauplatz der heiligere Ort sei, nämlich der Bericht von einem kranken Bauern, der vor dem Sterben anordnete, man solle seine Leiche auf einen von jungen Ochsen bespannten Wagen legen und die Tiere frei ziehen lassen. Dort, wo sie stehen blieben, sei die richtige Stelle für den Kirchenbau.

Wieweit die Erzählung von dem Ochsenorakel den Leuten einleuchtete, wissen wir nicht, sie wurde jedenfalls allmählich zu einem fixen Bestandteil der Historie von Allerheiligen und wird sogar auf einem großen Gemälde in der Kirche dargeboten. Der Heilige Stein hingegen sollte plangemäß zu einem unbedeutende Nebenschauplatz werden. Es hieß, man habe die Kapelle bloß deshalb auf ihn gesetzt, damit die Wallfahrer auch während der Bauzeit der Kirche eine Andachtsstätte hätten, eine etwas eigenartige Begründung, denn dann hätte man wohl besser ein ebenes Gelände gewählt, wo es tatsächlich Platz für die Pilger gab. Die Forscher, die sich mit dem Ort befassen, sind sich darin einig, dass es sich beim Heiligen Stein um einen alten, kultisch verehrten Felsen handelte, den man bewusst und sozusagen „zu Fleiß" so verbaute, dass er für den ursprünglichen Zweck untauglich wurde.

Andere derartige Kultobjekte sind ganz verschwunden. Da gibt es hoch oben in der Nähe des Böhmerwaldes in einsamer Lage eine Kirche, die 1446 urkundlich als „Kapelle zu Unserer Lieben Frauen Heimsuchung am Heiligen Stein" erwähnt wurde. Aus der Bezeichnung ist mit einiger Wahrscheinlichkeit zu schließen, dass es sich um ein Heiligtum an einem Granitblock handelte, auf dem wieder einmal Maria eine Rastpause eingelegt hatte, diesmal zur Abwechslung nicht auf der Flucht, sondern als sie sich zum Besuch ihrer Base Elisabeth über das Gebirge begab. Heute heißt der Ort „St. Wolfgang am Stein“, aber der Stein kommt nur mehr im Namen vor, er ist schlicht und einfach verschwunden. Schuld daran sind wahrscheinlich die Stiftsherren von Schlägl, die irgendwelche unchristlichen Praktiken vermuteten und den Leuten ihr Heiligtum wegnahmen oder, besser gesagt, es in eine fromme (und übrigens recht gut gelungene, anmutige) Wallfahrtsstätte umwandelten, die dem heiligen Wolfgang geweiht wurde. Dieser galt ja auf Grund seiner Legende als Spezialist für Steine. Allenthalben drückte er, wenn er sich niedersetzte oder niederlegte, seine Körperformen in die harte Materie ein, ja bei Kirchschlag oberhalb von Linz gibt es eine Mulde in einer Granitplatte, die davon stammen soll, dass er seinen Hut dort ablegte. Sie und ein danebenliegendes ähnliches Gebilde galten als Kopfwehsteine, denn einschlägige Leiden sollen verschwinden, wenn man sein Haupt in die steinernen Formationen legt.

Ein klaffender Spalt weist genau auf die nördliche Kirchentüre hin: St. Sebald am Heiligen Stein.

St. Sebald aus Nürnberg in Gaflenz

Auch bei Gaflenz in den Gebirgen des Ennstales führt eine Örtlichkeit den Heiligen Stein im Namen: „St. Sebald am Heiligen Stein“. Es ist ein Berggipfel, ausgestattet mit einer Anzahl von Andachtsstätten, ein Ensemble von derartiger Romantik, dass 1884 selbst dem nüchternen Berichterstatter der damaligen Denkmalbehörde die Feder durchging. „Ist schon der altersgraue und schöne Bau mit Rücksicht auf die Legende andachterhebend“, schrieb er begeistert, „so gewinnt das Ganze noch durch die einsame Lage auf der luftigen Höhe des Felsenvorsprunges, wo die herrliche Aussicht in die weite Ferne auch das Gemüth des Nichtwallfahrers zum Himmel erhebt.“

Der Kirchenpatron soll hier als Einsiedler gehaust und erstaunliche Werke vollbracht haben. Einem Bauern, dessen Ochsen sich in eine dunkle Höhle verlaufen hatten, segnete er die Finger. Diese fingen in der Finsternis wie Taschenlampen zu leuchten an, und der Mann konnte die Tiere glücklich herausholen. Auch wird berichtet, dass er tote Kinder zum Leben erweckte und Flüsse auf seinem Mantel stehend überquerte. Man fragt sich, wie das alles geschehen konnte, da Sebaldus ja in Nürnberg lebte und dort als der Stadtpatron gilt. Die Legende war nie verlegen, wenn es darum ging, Zusammenhänge herzustellen. Er wurde zu einem dänischen Königssohn, der sich auf Pilgerschaft begab und weite Reisen unternahm. Dabei kam er eben auch ins Tal von Gaflenz und wohnte eine Zeit

Geheimnisvolle Schalen erzählen vom Wirken dämonischer Kräfte: die Teufelsschüssel bei Schwarzenberg am Böhmerwald, auch sie eine „Kontaktstelle" zur Götterwelt und zum Jenseits.

lang in der wilden Natur. Erst später zog er weiter nach Nürnberg, wo er fortan verblieb.

In Wahrheit dürfte es so gewesen sein, dass der Heilige Stein in seiner Auffälligkeit wohl das zentrale Heiligtum der Gegend gebildet hat. Er findet sich heute noch neben der Bergkirche und hat einen klaffenden Spalt, der genau auf die nördliche Kirchentüre hinweist. Möglicherweise zwängten sich die Leute durch diese Lücke, um ihre Sünden und Krankheiten abzustreifen. Vielleicht kamen die Bewohner der Talschaft hier zusammen, um ihre Beratungen und Gerichtstage abzuhalten und ihre Gottheiten zu verehren. Die Gegend unterstand dem Benediktinerstift Garsten, und man kann sich vorstellen, dass die Klosterleute bestrebt waren, den Berg zu verchristlichen. Da die Handelsstadt Steyr, an deren Rand Garsten gelegen ist, rege Verbindungen mit Nürnberg unterhielt, könnte man auf die Idee gekommen sein, den dortigen Stadtpatron hier zu installieren, um damit örtlichen Dämonen und heidnischen Gestalten den Garaus zu machen. Der Name der Örtlichkeit „St. Sebald am Heiligen Stein" besagt jedenfalls deutlich, dass das Naturgebilde das ältere und ursprünglich wichtigere Objekt hier oben war.

Übrigens ist die Anhöhe einmal im Jahr heute noch der Mittelpunkt der Talschaft, am Sebaldikirtag. Da findet die Messe nach Möglichkeit nicht in der kleinen Kirche, sondern im Freien statt, die Leute lehnen und sitzen an den Nischen und Vorsprüngen des Felsens; man kann sich vorstellen, dass sich schon ihre Vorfahren so zusammengefunden haben. Und wenn heutzutage der Rest des Tages mit Tanz und Fröhlichkeit verbracht wird, dann wird es dazumal nicht anders gewesen sein, auch wenn es noch kein Flaschenbier und keinen Schneewalzer gab.

Eine Opferstätte von Kannibalen

Wir haben uns etwas von den Schalensteinen des Mühlviertels entfernt. Dabei gäbe es noch viel von ihnen zu berichten. Fast jede Gemeinde hat eines oder mehrere solcher Naturdenkmäler aufzuweisen. Zu den meisten führt weder ein Steig noch ein Wegweiser. Wer sie aufsucht, darf steile Hänge, Irrwege und Gestrüpp nicht scheuen, er steht aber dann beeindruckt vor den massigen Felstürmen und stellt oft mit Überraschung fest, dass jemand Stufen in den harten Granit geschlagen hat oder dass sich oben jene rätselhaften Mulden, manchmal mit, manchmal ohne Wasser, finden. Opferschalen und Blutschüsseln werden sie vielfach genannt, und es gibt Heimatfor-

In den engen Gängen unter der Erde streifte der Mensch alles Böse und Belastende ab: die in Flint und Sandstein gehauene, 106 Meter lange „Ratgöbluckn“ in Perg.

scher, die in jedem dieser Steine eine Kultstätte der vorzeitigen Menschen vermuten, die zum „Hausaltar" nahe gelegener Bauerngehöfte wurde. Andere wiederum sehen in ihnen nichts als eine Laune der Natur, eine Form hydrolytischer Verwitterung, der keine weitere Bedeutung beizumessen ist.

Die Vertreter der Kultstättentheorie können seit den siebziger Jahren des vorigen Jahrhunderts mit einem gewichtigen Trumpf aufwarten. Damals führte das oberösterreichische Landesmuseum Grabungen auf der sogenannten Berglitzl durch, einem etwa 14 Meter hohen Felsrücken, der unmittelbar neben der Donau aus dem sonst völlig ebenen Land aufragt. Die Erhebung war früher weitgehend von Flussarmen umgeben, bei höherem Wasserstand lag sie wie eine Insel inmitten der Gewässer. Aufgefallen war sie bereits den Jägern der Steinzeit, die sich hier offenbar gerne aufhielten. Die markant aufragende Kuppe diente den Menschen fortan durch Jahrhunderte als Wohnung und Begräbnisplatz, aber auch als „Kontaktstelle zur Götterwelt und zum Jenseits", wie der Ausgräber Manfred Pertlwieser sagt. Besonders interessant ist das Fundmaterial aus der Bronzezeit, also aus der Zeit vor mehr als dreieinhalbtausend Jahren. Es waren neben den Überresten von Tieren vor allem menschliche Knochen, die, wie es scheint, fachgerecht zerschlagen waren, also tatsächlich von Opferungen herrühren dürften, wobei manches darauf hindeutet, dass die Überreste der unglücklichen Opfer gleich an Ort und Stelle von den Überlebenden in Kannibalenmanier verspeist worden. Die Mitte dieses heiligen Bezirkes bildete aber eine Schale, 45 cm im Durchmesser und 25 cm in der Tiefe. Was um sie und mit ihr im Einzelnen geschah, bleibt der Phantasie überlassen, sicher ist, dass die steinerne Schale im religiösen Denken der Menschen eine Rolle spielte, und dabei dürfte es auch bei vielen der Schalensteine des Mühlviertels in Gebieten weit späterer Besiedlung, geblieben sein.

In den geheimnisvollen Steinen offenbarte sich für die früheren Menschen die Erde, die sie als ihre Mutter empfanden, als die Spenderin der Fruchtbarkeit und den Ursprung allen Lebens. Wir können uns kaum mehr ein Bild davon machen, was sie für unsere Altvorderen bedeutete, denn in der Vorstellung des Christentums hat Gott seinen Sitz in der Höhe, die Erde ist etwas, was sich die Menschen untertan machen sollen. Sie galt eher als Aufenthalt von Teufeln und Dämonen. Damals aber ehrte man den mütterlichen Boden, es bestand das Bedürfnis, sich mit ihm zu vereinigen, ja sogar in ihn einzudringen. Am eindrucksvollsten und nachhaltigsten geschah das durch die Erdställe, eines der rätselhaftesten Phänomene in unserem Lande.

Die unheimlichen Schlupflöcher

Es gab oder gibt im Mühlviertel und vor allem in den nördlichen Teilen des Alpenvorlandes eine ausgedehnte Unterwelt, ein Netz von Gängen, von verzweigten, schwer zu begehenden Anlagen, denen jeder praktische Zweck mangelt. Der angesehene Vorzeitforscher Oswald Menghin sagte abwertend, sie seien „nichts als Verstecke zu rascher Flucht vor einem unerwartet nahenden Feind", und andere folgten ihm in dieser Ansicht. Sie bedachten nicht, dass die Bauart dieser Erdlöcher gar nicht geeignet ist für solche Zwecke, denn allein der Einstieg verlangt Mut und Geschicklichkeit, gar aber die Schlupflöcher, die oft nur einen Durchmesser von 40 cm haben und die ein korpulenter oder älterer Mensch kaum passieren kann. Für den Feind hingegen genügte ein kleines Feuerchen, um die Höhlungen samt allen darin befindlichen Flüchtlingen auszuräuchern, denn es gibt keinen zweiten Eingang. Dies und andere Probleme, etwa die Entsorgung der Fäkalien, machten es schwer denkbar, dass sich die bedrohte Bevölkerung längere Zeit in dieser äußerst unzweckmäßig angelegten Unterwelt aufzuhalten vermochte.

Wer noch nie einen Erdstall begangen hat, für

den beginnt die Ratlosigkeit meist schon bei der Einstiegsöffnung, die sich häufig im Keller eines alten Hauses befindet. „Was, in dieses Mauseloch soll ich hineinkriechen?“ Er muss es auf dem Bauch liegend tun. Zwar gerät er dann vielleicht in ein Gemach, in dem er zur Not stehen kann, dann aber muss er sich in der Finsternis weiterwagen, wieder in so einen niedrigen Schlauch, den Körper womöglich im rechten Winkel abbiegen, weil die Röhre eine enge Kurve macht. Gar wenn es schräg oder senkrecht abwärts geht in einen tiefer gelegenen Bereich, packt jeden die Platzangst. Der erste Erforscher der österreichischen Erdställe, der Pfarrer Lambert Karner, zwängte sich einmal mit dem Kopf voran in eine untere Etage und konnte dann den Körper in dem engen Loch erst nach unendlich langen Mühen und schmerzhaften Verrenkungen umdrehen und in eine Lage bringen, die es ihm erlaubte, wieder hinaufzuturnen. Ein anderer dieser Idealisten arbeitete sich in seinem Forscherdrang „bauchhoch durch eingedrungenes Wasser“ voran und zog sich eine Erkältung zu, von der er sich sein Lebtag nicht mehr erholte. Auch heute noch gibt es Arbeitskreise, die das Rätsel der Erdställe nicht loslässt und die sich immer wieder in die finsteren Gänge begeben, ohne mehr zu erreichen, als dass sich neue Rätsel ergeben.

Eine große Anzahl von ihnen ist immerhin von der Theorie abgekommen, dass es sich um Orte handelt, in denen man Schutz vor Feinden suchte. Auch Lagerräume hätte man wohl nicht so gebaut, dass man sich bäuchlings in sie hineinrobben muss. Weil somit die unter unvorstellbaren Mühen gegrabenen Anlagen keinem ersichtlichen praktischen Zweck dienen, neigen viele Forscher der Ansicht zu, dass das Motiv für die Buddelei in religiösen Vorstellungen liegen musste. Ziemlich sicher scheint, dass die Erdställe, die übrigens auch in angrenzenden Ländern vorkommen, aus der Zeit des hohen bis späteren Mittelalters stammen. Man vertritt heute auch nicht mehr die Meinung, Zwerge und Heinzelmänner seien die Baumeister gewesen, wie man es gelegentlich allen Ernstes in Erwägung gezogen hat.

Der Kulturwissenschafter Hans Falkenberg hat alle nur denkbaren Erklärungen in einer gründlichen Arbeit aufgezählt. Dabei hat doch die Meinung am meisten für sich, die Gänge und Kammern seien angelegt worden, damit sich der Mensch in das Innere der Erde zurückziehen könne, damit er dort also zu sich selber finde. Vielleicht waren Initiationsriten im Spiel, das heißt, dass sich die jungen Männer eine Zeit lang in der Dunkelheit aufhalten mussten, bevor sie in die Gemeinschaft des Stammes aufgenommen wurden. Vielleicht gehörte es sogar zum Ritus, dass jeder den Erdstall um ein Stück erweitern musste. Die Unregelmäßigkeiten und die vielen Verzweigungen der Anlagen könnten darin ihre Ursachen haben. „Der Weg ins Innere der Erde, zurück in ihren Schoß, dabei in den engen Schlüpfen alles Böse und Belastende abstreifend, in einer der kleinen Kammern gekrümmt, gebückt in embryonaler Lage die Vision der vollständigen Wiedergeburt erträumend, dann dem Leib der Erde mühsam entsteigend, wiedergeboren, seelisch neugeboren ans Licht des Tages zurückgekehrt – finden wir mit diesen Überlegungen die geistige Welt, die unter unbegreiflicher Mühsal die Erdställe entstehen ließ?“ Mit dieser Deutung scheint Falkenberg der Lösung des Rätsels wohl am nächsten gekommen zu sein. Andere Forscher meinen, man hätte die unterweltlichen Räume angelegt, um den Seelen der Toten einen Aufenthaltsort zu bieten, um sie näher ans Haus zu binden, obwohl ihre Körper anderswo begraben worden waren.

Eines ist jedenfalls auffällig: Es hat sich keine Überlieferung zu den Erdställen erhalten, keine schriftliche Dokumentation ist vorhanden – nichts. Die Anlagen gerieten zumeist in Vergessenheit, sie wurden in unserer Zeit häufig durch Zufall entdeckt, und da sie auch kaum irgendwo Funde enthalten, bleiben sie auch selber stumm und verweigern jede Aussage.

Eine Welt, weit vom Alltag entfernt

Dasselbe gilt von den sogenannten Felsbildern. In etliche Felswände des Salzkammergutes und der östlich angrenzenden Gebirge wurden geheimnisvolle Zeichen eingeritzt, Leitern, Räder, Gitter, aber auch Tierdarstellungen mannigfacher Art und vieles andere mehr. Die Leute, die unvermutet zu ihnen vorgedrungen waren, standen vor einer echten Entdeckung. Kein Einheimischer wusste von ihnen, niemand kannte ihren Standort, kein Mensch konnte sagen, was sie bedeuten. Als sie davon berichteten, wurden sie auch gar nicht ernst genommen. Man sprach von belanglosen Kritzeleien gelangweilter Hirten und Jäger. Dabei war die erste Generation der österreichischen Felsbilderkunder überzeugt davon, dass man es mit Hinterlassenschaften prähistorischer Menschen zu tun habe. Der Pionier dieser Forschung, Ernst Burgstaller, steigerte sich in diese Meinung derart hinein, dass er in hohem Alter in einer undeutlichen Zeichnung gar das Abbild eines Mammuts zu erkennen glaubte. Damit stand für ihn fest, dass es sich um eine Abbildung handelte, die noch vor der Eiszeit, also vor 70.000 Jahren, entstanden war!

Ist es aber notwendig, das Alter der Einkerbungen in eine derartig weit entfernte Vorzeit zu versetzen? Wer vor den dunklen, meist nach Norden blickenden Felswänden mit den eingeritzten Hirschen, Vögeln, Kreisen und Strichen steht, wird auch dann fasziniert sein, wenn er annimmt, dass sie nicht der Urmensch als Schamane und Zauberer eingeritzt hat, sondern dass die meisten nicht älter sind als ein paar hundert Jahre. Schon die Örtlichkeiten, an denen sie sich finden, prägen sich ins Bewusstsein. Der Kienbach schneidet zwischen St. Wolfgang und Bad Ischl eine tiefe Schlucht in das Gebirge. Man muss den wilden Bach zweimal weg- und steglos überqueren und sich über eine steile Schutthalde hinauf und hinab hanteln, bis man vor der mächtigen Höhle steht, die Kienkirche heißt und wie das Portal zu einem Heiligtum anmutet. Hier wurden Leitern über Leitern eingraviert, dazu Speichenräder, armbrustartige Gebilde und, nicht zu übersehen, Sexualsymbole. Die finstere Schlucht, die Höhle, die vielen Bilder – man ist in einer Welt angelangt, die weit vom Alltag entfernt liegt. Doch so sehr man sich in die Zeichen vertieft, sie sprechen nicht, sie lassen sich nicht befragen, ergeben keinen Sinn.

Ähnlich eindrucksvoll wirkt die Landschaft um die zweite große Fundstelle unseres Landes, die „Höll“ oberhalb von Spital am Pyhrn. Es ist ein Hochtal, das vom Teichlbach unterirdisch durchflossen wird, nachdem er gurgelnd in einem Loch verschwunden ist, das auch wieder wie ein Tor zur Unterwelt anmutet. Mehr als ein Dutzend Bildfelsen gibt es in diesem Talboden, darunter den sogenannten Hauptfelsen mit einem „antennenartigen Fadenkreuz“ (Burgstaller) und einer Menge von Tier- und Reiterdarstellungen.

Burgstaller kam angesichts der großartigen Landschaft und der Fülle von Bildern zu der Auffassung, diese reichen Felsbildstationen seien sozusagen die Wallfahrtsorte der Vorzeit gewesen. Aus den Pfahlbausiedlungen am Mondsee und dem Bergwerksort am Hallstätter See sei die prähistorische Bevölkerung hierher gepilgert, um ihre Götter zu verehren und ihnen durch das Eingraben heiliger Hieroglyphen ihre Verehrung auszudrücken. So ansprechend diese Vorstellung sein mag, sie ist reine Spekulation und hoffnungslos überholt. Nicht drei oder vier solcher Fundstellen gibt es im Bereich des Dachsteins, Tausende Bilder hat der Verein Anisa entdeckt, der mittlerweile die führende Rolle in der österreichischen Felsbilderforschung übernommen hat.

Trotzdem bleiben viele Fragen offen. Warum haben die Menschen den einen Felsen für ihre Ritzungen ausgesucht, den anderen aber nicht,

Rätselhafte Jagdszene: Felsritzbild aus der „Höll", oberhalb von Spital am Pyhrn.

obwohl er viel geeigneter gewesen wäre? Was gab es den Leuten, wenn sie in der Einsamkeit eines Hochtals oder einer schwer zugänglichen Höhle solche Symbole in die Steine eingruben? Was ist deren Sinn? Und wie kommt es, dass kaum eine Kunde von den Felsbildern im Volk erhalten blieb, obwohl es noch gar nicht so lange her ist, dass man sie geschaffen hat? Es gäbe noch viel darüber zu berichten, und die Veröffentlichungen darüber sind voll von immer neuen Überlegungen und Erwägungen.

„Verliebt in Fragezeichen", so hat einmal Karl Lukan einen Abschnitt eines Buches betitelt, in dem er sich mit den vielen Geheimnissen unserer Heimat auseinandersetzte. Und wie gut es ist, dass es diese Fragezeichen gibt, das hat einmal eine begeisterte Erdstallexpertin mit folgenden Worten ausgedrückt: „Uns könnte wohl nichts Schrecklicheres passieren, als dass eines Tages einer oder eine auftritt und uns genau sagt, warum die Erdställe geschaffen wurden. Dann könnten wir alle anschließend daheim bleiben. Aber wären wir dann wirklich glücklicher? Die wirkliche Antriebskraft ist ja das Geheimnis, und das enthüllt sich nicht so einfach. Gott sei Dank!" Und so zieht es uns weiterhin zu all diesen rätselhaften Steinen, unterirdischen Gängen und Bildfelsen. Wir stehen davor, obwohl wir nichts von ihnen wissen, und sind herzlich froh, dass es Dinge gibt, über die wir noch grübeln können, denn wir wissen: Die Frucht vom Baum der Erkenntnis hat den Menschen schon einmal das Paradies gekostet.

Von guten und bösen Wassern

Nachdem sie die österreichische Grenze überquert hat, geht die Donau gleichsam in Klausur. Sie hat die fruchtbaren Gefilde Niederbayerns mit einer Menge lebhafter Städte und Orte passiert, ist an der opulenten Fassade von Passau vorbeigerauscht, und zieht sich nun in ein tiefes, dunkles Waldtal zurück. Auf mehr als 50 Kilometern gibt es dort nicht mehr als zwei oder drei nennenswerte Ansiedlungen, beiderseits steigen steile Hänge empor, schwer zugängliche Rückzugsgebiete für Pflanzen und Tiere, von denen etliche, wie es heißt, noch gar nicht erforscht sind. Es ist eine Landschaft von charaktervollem Ernst, und viele sagen, in Europa komme ihr keine andere Gegend an einem großen Fluss gleich.

Linke Seite: Mächtige Karstquelle, gespeist aus unterirdischen Hohlräumen: der Pießling-Ursprung bei Roßleithen, ein wahrhaft magischer Platz.

Das Teufelsloch beim Speisesaal

Was in Fülle vorhanden ist, das sind Burgen. Kein Wunder, denn das Donautal war der Schiffsweg, der von Mitteleuropa gegen Osten führte, und wer ihn an dieser engen und übersichtlichen Strecke überwachte, hatte nicht unerhebliche Vorteile. Es waren die Fürstbischöfe von Passau, die sich hier festsetzten. Sie mussten freilich die Wehranlagen mit ihren Ministerialen besetzen und bekamen diese bald nicht mehr in den Griff, denn die Gefolgsleute neigten dazu, sich selbständig zu machen, untereinander Raufhändel auszutragen und die Schiffe durchreisender Kaufleute zu traktieren. Von fast jeder dieser Burgen gibt es daher Geschichten zu erzählen, und in den meisten davon spielt der geheimnisvolle, dunkle Donaustrom eine Rolle.

So schwamm etwa der Erbe des Schlosses Rannariedl als Baby in einem führerlosen Boot den Fluss hinab, nachdem seine Eltern bei einem Überfall getötet worden waren. Auch die Magd, die ihn auf dem Schiff in Sicherheit bringen sollte, war durch einen Pfeilschuss ums Leben gekommen. Bei einer unterhalb gelegenen Burg zog man ihn aber glücklicherweise an Land und sorgte für sein Aufkommen. Klar, dass er, wie es in Sagen gerne geschieht, als junger Mann durch eine wunderbare Fügung wieder in den Besitz seiner Güter kam.

Auf Burg Haichenbach saß ein berühmter Raubritter, den schließlich die gerechte Strafe ereilte, indem er vom Pferd stürzte und eines elenden Todes verstarb. Als sein Leichnam in den dunklen Gewölben aufgebahrt lag, brach ein Brand aus und äscherte die Burg ein. Der Übeltäter aber erschien dem Bischof von Passau im Traum, bat um Vergebung und eröffnete ihm, wo er die geraubten Schätze finden könne. Als in einer der nächsten Nächte ein Schiff unterhalb von Haichenbach mit den Leuten des Bischofs anlegte, erschienen oben zwei „baumlange Teufel“, wie es in der Sage heißt, und fuhren wie der Blitz mit den Schatzkisten zur Donau hinab. Erst als die geschockten Schiffleute den Namen Gottes anriefen, verschwanden sie. Die „langen Teufel von Haichenbach" sind seither ein markantes Sagenmotiv in den heimatkundlichen Lesebüchern.

Dem Markt Aschach gegenüber springt aus den Felsen oberhalb des Flusses die Feste Oberlandshaag hervor. Sie hat zwar nicht viel von einer Burg an sich und wirkt nicht abweisend, wie es einem Wehrbau anstehen würde, sondern in hohem Maße einladend als renommierter gastronomischer Betrieb. Der Bau soll aber vom Teufel persönlich ausgeführt worden sein. Der war damals dem Doktor Faust zu Diensten, und hatte diesem umgehend einen Wohnsitz zu errichten, weil dem Herrn der Platz gefiel. Noch mancherlei verlangte der Magier vom Teufel, etwa dass er mitten auf der Donau eine Kegelbahn baue oder eine Brücke, die sogleich nach der Benützung wieder zu verschwinden hatte. Schließlich war die Zeit für solche Spielchen abgelaufen, und Satan fuhr mit dem Doktor zur Hölle, wobei er der Einfachheit halber gleich ein Loch in die Mauer des Schlosses riss. Diese Öffnung ist heute noch vorhanden und kann nach verlässlicher Auskunft nicht zugemauert werden. Nebenan im Saal des Schlösschens speist es sich vortrefflich, und man weiß auch, dass der Teufel nicht mehr hereinkann, denn oberhalb der Haustüre ist ein Drudenfuß angebracht.

Vom Teufel, so die Legende, persönlich ausgeführt: das Faustschlössl gegenüber von Aschach.

Rechtsdrehende und andere Gewässer

Beim Faustschlössl und dem gegenüberliegenden Schifferort Aschach endet das Engtal der Donau. Als breiter Strom tritt sie majestätisch in die Weitung des Eferdinger Landes ein, auf dem Weg zum Herzen Oberösterreichs, weiter zur Kaiserstadt Wien und schließlich zu den Staaten Osteuropas. Aus dem ganzen Bundesland sammelt sie die Gewässer, denn nur ein paar Randgebiete im obersten Mühlviertel schicken diese zur Moldau, ansonsten fließen alle zum großen Strom, die dunklen Bäche aus dem Granitland ebenso wie die immer noch wilden Flüsse aus den Alpen und die trägen Gerinne aus dem Flachland. Ihr Ursprung ist so verschieden wie der Charakter ihrer Täler und ihr Verhältnis zu den Bewohnern des Landes.

Da gibt es die sprichwörtlich „murmelnden" Quellen in den Wiesen und Wäldern ebenso wie die betonierten Brunnenfassungen mit der Warnung „Verunreingung verboten", aber auch die ins Riesenhafte gesteigerten Wasseraustritte in den Karstgebirgen. Der sogenannte Pießling-Ursprung ist der größte von ihnen, ein wahrhaft magischer Platz. Man nähert sich ihm durch ein waldiges Bachtal und steht unvermittelt vor einer immens hohen, dunklen Felswand. Darunter tut sich ein mächtiger Schlund auf, dem Wasser in überreichem Maße entquillt, so stark, dass man mit

Sagen und Geschichten umranken das Tanner Moor im nördlichen Mühlviertel, ein Latschenhochmoor auf 900 m Seehöhe.

der Schüttung eines Sommertages fast eine Dreiviertelmillion Menschen versorgen könnte. Taucher haben festgestellt, dass der Quelltopf mehr als 50 Meter in die Tiefe reicht und sich dann in mannigfache Gänge und Höhlen verzweigt. Manchem ist der Abstieg in die Unterwelt zum Verhängnis geworden, etwa einer Tauchlehrerin, die nie mehr ans Tageslicht zurückkehrte. Als man ihren Leichnam bergen wollte, kam auch noch ein Höhlenretter ums Leben, ein anderer erlitt Verletzungen. Es ist ein eigenartiges Gefühl, vor dem schwarzen Loch mit dem vielen dunkelgrünen Wasser zu stehen, das so unheimlich ist, als ob die Hölle hier ihr Kühlwasser ablassen würde – nur die früheren Menschen hat es offenbar wenig beeindruckt. Weder archäologische Funde noch eine Sage oder eine sonstige Überlieferung geben davon Kunde, dass sich die Menschen für diesen Platz interessiert hätten.

Bei vielen ganz unauffälligen und unscheinbaren Wasserstellen unseres Landes ist das anders. Sie gelten als Heilige Brunnen und sind von einem dichten Gewebe aus Sagen, Erzählungen, Hinweisen auf Heilungen und Anweisungen für ihre Anwendung umsponnen. Es sind damit nicht die anerkannten und für einen Kurgebrauch erprobten Heilquellen gemeint, sondern jene Wässerchen, die eigentlich keine besonderen Substanzen enthalten, von denen aber die Leute schwören, dass sie imstande sind, Gicht, Rheumatismus und andere Krankheiten zu kurieren. Bei etlichen von ihnen herrscht lebhaftes Treiben, die Menschen rücken mit einem Kofferraum voller Kanister und Flaschen an, um zu Hause nicht das ordinäre H_2O aus der Leitung trinken zu müssen, sondern den heilsamen Saft aus dem Wunderborn. Beim „Heiligen Brünndl" in Gmunden etwa herrscht solcher Andrang, dass die Stadtgemeinde durch Anschläge dazu auffordern muss, die Wasserentnahme rasch durchzuführen, damit die Nachkommenden nicht allzu lange warten müssen. Außerdem ist es zur Schonung der Anrainer, die sich häufig über argen Lärm beschweren mussten, zur Nachtzeit verboten, Wasser abzufüllen.

Siegrid Hirsch und Wolf Ruzicka, die in einem Buch alle diese *Heiligen Quellen in Oberösterreich* exakt aufzählen, führen als Beweis für deren Wirkkraft immer wieder an, dass abgefülltes Wasser auch nach monatelanger Lagerung nicht abgestanden schmeckt, sondern seine Frische behält. Auch wird hervorgehoben, wie besonders erquickend man einen Trunk aus diesen Brunnen empfindet, wobei freilich die Frage offenbleibt, ob dies nicht auch bei anderem Wasser aus der betreffenden Gegend der Fall wäre. „Wir boten Hunden Leitungswasser aus ihrem gewohnten Napf", heißt es von einem dieser Brünndl, „und heiliges Wasser aus einer ihnen unbekannten Schüssel an. Alle Tiere wandten sich spontan dem Wasser aus Geiersberg zu." Oder von einem anderen: „Unser Zitronenbaum, der sich hie und da eine Blüte abgerungen hatte, reagierte auf die Wasserzufuhr aus Glatzing innerhalb von zwei Wochen mit über hundert Blüten." Schließlich wird auch noch die Radiästhesie zum Zeugen angerufen: „Das Pendel zeigte bei jeder dieser Quellen einen Rechtsausschlag, das heißt, die Quellen liefern rechtsdrehendes Wasser im Gegensatz zum Leitungswasser, das in der Regel linksdrehend ist."

Das Heilbad, das nur 150 Jahre alt wurde

Brunnenthal bei Schärding ist ein Ort, mit dem sich ein solcher Quellkult verbindet, schon der Name zeigt es an. Dort entspringt in einem sanften Tal, das wir Heutigen als freundlich und anmutig empfinden, das aber ein barocker Autor zu einem *ganz wilden Graben oder Dobel* aufwertet, Wasser in reichem Ausmaß, was in der an sich trockenen, von Granit durchsetzten Gegend recht auffällig erschien. 1640 berichtete ein gewisser Georg Auer, dem die Quelle gehörte, er habe darin seinen kranken Fuß gebadet und habe Heilung erfahren. Von da an wurde nichts unversucht gelassen, um aus dem Ort ein Heilbad zu machen. Auer war nicht etwa von selbst auf die Idee gekommen, sich des Wassers zu bedienen, sondern die Muttergottes hatte es ihm im Traum eingegeben. Sieben Jahre später kamen schon die ersten Prozessionen, mehrere hundert Personen stark, und alsbald schritt man zur Errichtung der ersten „Kureinrichtungen", nämlich einer Hütte und eines Hauses mit vier Stuben. Da das Bad aber letzten Endes von der heiligen Maria selbst verschrieben worden war, musste auch ein entsprechend ansehnliches Gebäude für den Gottesdienst her, und schon um 1670 war die heute noch stehende stattliche Kirche vollendet. Da sich auch der bayrische Kurfürst mit *sonderlich gnädigstem Wohlgefallen* für den neuen Badeort interessierte, konnte man einen angesehenen Architekten für den Bau gewinnen, den Graubündner Christoph Zucalli. Es zeigte aber auch der Himmel selbst lebhafte Anteilnahme an dem Werk, denn man erzählte, Engel seien herbeigeeilt und hätten mit einer Säge, wohl einer Spezialsäge, die Steine zurechtgeschnitten, damit die Kirche früher fertig werde. Die augenscheinlichste Reklametafel für das Kurbad aber bildete das Gemälde am Hochaltar. Da ist die Madonna zu sehen, wie sie am Himmel erscheint, um die unter ihr befindliche Quelle zu segnen.

Links: Heilkräftiges Wasser in der Brünndlkapelle: Die Quelle in Brunnenthal bei Schärding wurde berühmt für Wunderheilungen.
Rechts: Figurenschmuck am Brunnenhäuschen des Pilgerbrunnens in St. Wolfgang, erste Hälfte 16. Jahrhundert.
Folgende Doppelseite: Kraftvoll bahnt sich die Donau ihren Weg durch das Böhmische Massiv: die Schlögener Schlinge.

Kranke werden dargestellt, die sich im Vertrauen auf die himmlische Protektion dem Wasser nähern.

Es fragt sich, wie weit es her ist mit der Wirkkraft des hochgelobten Wassers von Brunnenthal. Man berichtet, eine 21-jährige Frauensperson aus der Gegend der bayrischen Donau, die so krumm war, dass sie nur auf den Knien herumrutschen konnte, sonst aber getragen werden musste, sei im Jahre 1644 nach dreimaligem Baden frank und frei hinweggegangen, obwohl die Prozedur nur einen halben Tag in Anspruch nahm. Auch demonstrierten mehrere Votivgaben die Heilkraft der Quelle. Im Jahre 1785, knapp nachdem die Herrschaft von Bayern auf Österreich übergegangen war, wurde das Heilbad über obrigkeitliche Anordnung gesperrt und es ist wohl auch nicht allzu sehr abgegangen, denn es erlangte nie wieder irgendwelche Bedeutung. Das Wasser fließt noch immer in der Brünndlkapelle, die inmitten einer stimmungsvollen Gruppe von Andachtsstätten liegt, nur wird es heute nicht mehr zum Baden benützt, sondern nur zum Trinken oder zum Augenauswaschen. Von auffälligen Substanzen, die eine besondere Heilkraft bewirkten, ist nichts bekannt, die Erfolge waren wohl einem wohltätigen Placeboeffekt zuzuschreiben.

In der Nähe des malerischen, von einer Burg überragten Ortes Losenstein an der Enns liegt neben der Eisen-Bundesstraße der sogenannte Blasibrunn. Er ist nicht zu übersehen, denn er wurde von einer stattlichen Kapelle überbaut. In ihr steht eine Muttergottesstatue, die, wie berichtet wird, aus dem Fluss gefischt wurde. Zu ihren Füßen tritt das Wunderwasser aus, aber es enthält keine anderen Ingredienzen als sonstige Gewässer, die in dieser Gegend entspringen. Trotzdem waren die Leute überzeugt, dass es gegen Hals- und Augenkrankheiten helfen könne. Dazu erzählte man folgende nette Geschichte: Eine kranke Bäuerin aus dem etliche Gehstunden entfernten Ort Ternberg schickte ihre Magd zu dem Brunnen, damit sie das Heilwasser hole. Diese aber scheute den langen Weg und begab sich heimlich zu einer Tanzveranstaltung. Der Frau brachte sie ganz normales Wasser mit. Was geschah? Die Bäuerin, die glaubte, sie habe die heilsame Medizin genossen, wurde gesund, die nachlässige Magd hingegen wurde zur Strafe von der Krankheit befallen.

Die heilige Hedwig und das „medizinische Kompetenzzentrum"

Nicht immer aber ist es der bloße Glaube, der die Wässerchen zu Gesundbrunnen macht. In Bad Zell im Mühlviertel etwa fließt eine Radonquelle, die von der Bevölkerung schon lange als wundersam angesehen wurde. Sie ist tatsächlich so effektiv, dass um sie ein „medizinisches Kompetenzzentrum" modernster Art entstand, das sich den treffenden Namen „Lebensquell" zugelegt hat. Hier werden die Gäste unter anderem mit Kältetherapie traktiert, sie können genussvoll sechs Saunastuben nutzen und sich im Restaurant „Feuerkuchl" gastronomischen Genüssen hingeben. Dem Ursprung des ganzen Heilbetriebes aber können sie in stimmungsvollem Ambiente nachgehen, im Hedwigsbründl, dessen Kraft angeblich dadurch bekannt wurde, dass im 17. Jahrhundert ein Soldat darin seine wunden Füße badete und Heilung fand. Dahinter aber steht eine archaische Gestalt, die heilige Hedwig, Herzogin von Schlesien, die, so will es die Sage, eine Pilgerfahrt nach Rom plante und diese unbedingt barfuß unternehmen wollte. Ihr Beichtvater war dagegen und gebot ihr, Schuhe mitzunehmen. Sie gehorchte, trug aber die Schuhe in der Hand. In Zell im Mühlkreis legte sie eine Rast ein, und der Himmel, der anscheinend über die einfallsreiche Frömmigkeit der Fürstin gerührt war, ließ zu ihrer Aufmunterung die radonhältige Quelle entspringen.

Wer sie aufsucht, ist zunächst etwas irritiert über das seltsame Gebäude, das dem Brunnen übergestülpt wurde. Es schaut aus, als hätte es eher mit Elektro- oder Agrartechnik zu tun als mit heiligem Wasser. Innen aber lassen zwei Kammern, Gewölbe und Säulen die rechte Stimmung aufkommen. Das Wasser kommt reichlich daher, sprudelt durch die ganze Anlage, und die heilige Herzogin Hedwig ist auch da, bloßfüssig natürlich, mit einem Buch in der Hand, auf dem ihr unbenutztes Schuhwerk liegt. Eine Tafel berichtet von geomantischen Untersuchungen und von Versuchen mit dem Pendel, die angeblich beweisen, dass schon die Menschen der Vorzeit an dieser Stelle das „Wasser des Lebens" gesucht haben. Es soll, wie es heißt, „die Lebensfreude, Liebe und die Verzeihungskraft" stärken.

Eine andere Art, sich der Kurwirkung des Wassers hinzugeben, wurde in dem nahe gelegenen Bad Kreuzen praktiziert: Die Sachsen-Coburg-Gothasche Gutsverwaltung, zu der die dortige Burg gehörte, ließ sich eine Kaltwasserheilanstalt nach der damals in Mode gekommenen Methode Prießnitz einfallen. Die tiefere Ursache waren die Wallungen des Verwalters, die er mit kalten Güssen heilen wollte. Die Sache ließ sich gut an, es entstand bald ein Kurhaus mit Bädern, dazu eine Wandelhalle, ein Speisesalon und eine gedeckte Kegelbahn. Die Attraktion bildeten aber die Anlagen in der sogenannten „Wolfs-

Das Große Kurhaus in Bad Kreuzen. Kupferstich von K. von Kurz. Anton Bruckner suchte hier mit einer Kaltwasserkur nach dem System Prießnitz Erholung von seiner Nervenkrise.

schlucht", einem tiefen, dämmerigen Graben mit etlichen romantischen Wasserfällen. Dort wurden Duschanlagen angelegt, eine „Linzer Dusche" und eine „Greiner Dusche", eine „Herrendusche" und eine „Damendusche". Was man sich darunter vorzustellen hat, ist zeitgenössischen Abbildungen zu entnehmen: es handelte sich um kleine Hütten aus Holz, die ohne jede Öffnung waren und sich daher den neugierigen Blicken ganz und gar verschlossen. Von oben wurde aus einer hohen Rinne das Wasser auf den in vollkommener Finsternis stehenden Badegast geleitet. Da es sich um einen kalten Guss handelte, wird er oder sie es nicht lange in dem Holzverschlag ausgehalten haben.

Eine Wanderung durch die steil ansteigende Schlucht ist von hohem Reiz. Auf Tafeln werden die damaligen Kureinrichtungen beschrieben, die erwähnten Duschen, das Wellenbad, ein einst ebenfalls durch eine Holzverkleidung abgedichtetes Becken, die Herzogsquelle, und in einem besonders wilden Abschnitt *Anton Bruckners Zuflucht.* Mit dieser hat es folgende Bewandtnis: Der große Komponist hatte sich in den Jahren, in denen er als Domkapellmeister in Linz tätig war, derartig überanstrengt, dass er in

eine tiefe Nervenkrise verfiel. Im Besonderen quälte ihn der Zwang, alles zu zählen, die Fenster der Häuser, die Blätter der Pflanzen oder die Bäume im Wald. Die Ärzte rieten zur Schonung und zu einer Kaltwasserkur in Kreuzen. Als dort eines Tages vor dem Speisesaal, in dem die Kurgäste zu Mittag saßen, eine böhmische Musikergruppe auftauchte und ihre Instrumente drangsalierte, wurde Bruckner dermaßen verstört, dass er aufsprang und in die Schlucht rannte. Dort fand man ihn nach längerer Zeit, angeblich hatte er sich in eine derartig ausweglose Lage verstiegen, dass man ihn mit Seilen bergen musste.

Die Tradition des kalten Wassers wird in Bad Kreuzen immer noch hochgehalten, nur wird nicht mehr dem System Prießnitz gefolgt, sondern den Methoden des Pfarrers Kneipp, die Gäste duschen nicht mehr hinter hölzernen Brettern, sondern in den Anlagen einer modernen Kuranstalt.

Romantische „Naturdusche“: die Wolfsschlucht bei Bad Kreuzen.

Die bösen Wassern verlangen Opfer

Es sind aber nicht immer nur „gute“ Wässer, welche die Leute beschäftigen. Mitunter finden sich „Teufelsbrunnen“ oder „Giftbründl“, von denen man besser nicht trinken sollte. Josef Messenböck, der mit unendlichem Fleiß alle bemerkenswerten Quellen vom Dachstein bis zum Böhmerwald absuchte, berichtet, dass er in Liebenau im Mühlviertel, der höchstgelegenen Gemeinde des Landes, auf einen ehemaligen, nunmehr weitgehend verschütteten Brunnen stieß, der mit den bösen Mächten in Verbindung gebracht wurde. Es handelte sich um einen mit Granitsteinen ausgelegten Kreis, in dem sich nur noch stehendes Wasser befand. „Der Sage nach“, so berichtet er, „sollen in diesen Brunnen während der Bekehrungszeit Götzenbilder geworfen worden sein. Alle Leute aber, die zufällig vom Wasser tranken, wurden vom Teufel besessen, weshalb man den Brunnen zuschüttete.“

Grein an der Donau: Stahlstich von Joseph Axmann nach Jakob Alt. Der gefürchtete Greiner „Struden“ wurde Mitte des 19. Jahrhunderts durch Sprengung von Felsenriffen entschärft.

Beim „Urtlwasser“ in Peuerbach im Hausruckviertel weiß man hingegen nicht recht, ob man es als wohltätig oder als böse bezeichnen soll. Es gibt mehrere davon, eines entspringt mitten im Zentrum der Stadt, gerade neben der Kirche und ist von Geheimnissen umwittert. Der Volkskundler Rudolf Fochler meint, es habe seinen Namen davon, dass man hier einst Urteile sprach. Die Quellen waren ja den Göttern heilig, und darum waren die Richter überzeugt, sie würden neben ihnen wohl die richtigen Entscheidungen treffen. Die Sage widerspricht dem. Ihr zufolge war ein buckliger Mann, der seinen Bruder umgebracht hatte, zum Tode verurteilt worden. Am Weg zur Richtstätte sagte er den Bürgern, die unter Wassernot litten, er könne ihnen eine Quelle verschaffen, die nie versiegt. Das gelang, und der gescheite Mann wurde durch ein neues Urteil begnadigt. Man sagte aber auch, dass immer wieder Mädchen in dem Urteilsbrunnen ertrinken, denn alle hundert Jahre fordere die Quelle eine Jungfrau als Opfer. Bekäme sie die nicht, dann würde Peuerbach überschwemmt werden. Es wurde daher abgeraten, dort Wäsche zu waschen. Heute ist das Urtlwasser ein kleiner, seichter Zierteich, der die Stadtmitte verschönert und interessant macht. Dass jemand darin ertrinkt, scheint wenig wahrscheinlich, dass es Überschwemmungen gibt, schon eher.

Die Vorstellung, dass die Flüsse und Seen ihre Opfer verlangen, leitet uns wieder zum großen Strom zurück, denn auf seinem Grund. so glaubte man, hielt der Donaufürst Hof und legte Wert darauf, jedes Jahr ein paar Menschen in seine Tiefe zu bekommen. Auch gab es Wassermänner, Nixen und Donauweibchen, die gleichfalls ihren Tribut forderten, die weiblichen Wesen allerdings zu dem Zweck, sich mit der männlichen Beute sexuelles Vergnügen zu verschaffen. Da man der Gier aller dieser Flussbewohner und -bewohnerinnen ohnehin nicht entgehen konnte, soll es Usus gewesen sein, keine sonderlichen Bemühungen zu unternehmen, um Mitmenschen zu retten, die ins Wasser gefallen waren, sondern mit Befriedigung festzustellen, dass einen nicht selbst das Los getroffen habe. Die Leute versuchten auch, die Wassergeister vom Menschenraub abzuhalten, indem sie ihnen andere Opfer nachwarfen. Sie taten das schon in der Bronzezeit und versenkten das, was am wertvollsten schien, in den Fluss: den Schmuck und die Waffen.

Bevor die Donau Oberösterreich verlässt, inszeniert sie noch ein großes Naturschauspiel. Auf einer längeren Strecke durchbricht sie hier, im Strudengau, den Granitbereich, doch konnte sie nicht alle Steine und Felsen aus dem Weg räumen und abschleifen, sodass gefährliche Riffe erhalten blieben, welche das Wasser in Turbulenzen brachten, und die darauf fahrenden Schiffe ebenfalls. Namen wie Strudel, Wirbel, Schifferfreithof sprechen dabei für sich. Heute hat der Mensch nachgeholfen und das beseitigt, was der Fluss nicht geschafft hat, außerdem wurde der Wasserspiegel um nicht weniger als zwölf Meter aufgestaut und gehoben. Die Donau gleicht seither eher einem See, und mit den wilden Wirbeln und Strudeln schwand auch die Romantik der ungebändigen Natur. Für alle, die sich seinerzeit dem Fluss anvertrauen mussten, bedeutete aber die Strecke weniger Romantik als vielmehr Horror, Schrecken und mitunter auch den Tod. Aus dem 17. Jahrhundert kennen wir einen Hinweis des bekannten Predigers Abraham a Sancta Clara, der meint, kein Ort auf der österreichischen Donaustrecke jage den Reisenden so viel Furcht ein wie dieser. Und wenig charmant fügt der Mönch hinzu, speziell *das Weibergeschlecht* sei total verängstigt, und wenn einer nur eine Erwähnung von der gefahrvollen Strecke mache, *zittern sie schon wie eine schweinerne Sulze.*

Dieses Angstgefühl dürfte die Menschen aber schon vor drei- oder viertausend Jahren befallen haben. Mitten im engsten und einst wildesten Teil der Strudelstrecke hebt sich aus dem Strom eine Insel, die durch den sogenannten Hößgang, einen ruhigen, seichten Donauarm, vom südlichen Ufer getrennt ist. Darin fanden die Archäologen ungeheure Mengen von Ringen und anderen Schmuckstücken, dazu Schwerter und Lanzen. So viele sind es, dass es sich wohl nicht um die Hinterlassenschaft eines Unfalles handeln kann, auch sprechen die Umstände der Funde gegen ein absichtlich angelegtes Versteck. Weit und breit ist in der Umgebung keine Siedlung aus jener Zeit bekannt, sodass die Annahme naheliegt, die Menschen hätten eigens den Ort aufgesucht, um ihre Opfer den Gottheiten des Flusses oder wem immer darzubringen. Ein echter Wallfahrtsort der Urzeit also? Selbst die Wissenschaft meint mit allem Vorbehalt, dass es so gewesen sein könnte.

Noch tausende Jahre später war es üblich, hier zu opfern. Wenn die Schiffsreisenden mit zitternden Gliedern die gefährliche Passage hinter sich gebracht hatten, erblickten sie auf einer Anhöhe die Kirche von St. Nikola, die dem Patron der Schiffleute und der Flussreisenden geweiht war. Vom Ufer stieß dann ein Nachen weg, die Insassen hielten den vielleicht immer noch schreckensbleichen Menschen auf dem Schiff eine Sammelbüchse unter die Nase mit der Aufforderung, dem heiligen Nikolaus zum Dank für die überwundene Gefahr eine Gabe darzubringen. Da war es für jedermann eine Ehrenpflicht, zu spenden, noch dazu wo bekannt war, dass mit den Eingängen ein Spital für verunglückte Schiffer finanziert wurde, ebenso die christlichen Begräbnisse der Opfer von Strudel und Wirbel.

Als Erste hatte Kaiserin Maria Theresia den Auftrag gegeben, gegen die gefürchteten Hindernis-

Wassermänner und Nixen forderten alljährlich ihren Tribut: Blick von der Burg Schaunberg auf die Donau.

se etwas zu unternehmen. Aber trotz der damaligen Sprengungen musste es noch ihr Ururenkel am eigenen Leib verspüren, wie unangenehm die Passage sein konnte. Als Kaiser Franz Joseph mit seiner jungen Braut Elisabeth der Hochzeit in Wien entgegenreiste, rammte das Dampfschiff der Majestäten einen Felsen und musste bei der Ortschaft Struden notlanden. Das junge Paar wurde samt Gefolge ausgeladen und war gezwungen, ein Stück Weges per Wagen zurückzulegen.

Auch der Dichter Nikolaus Lenau, ohnehin nicht der Nervenstärkste, erlebte aufregende Augenblicke, als das Dampfboot, mit dem er stromauf unterwegs war, unvermutet mit einem Gegenverkehr konfrontiert war. „Die Boote fuhren nur zwei Zoll weit entfernt aneinander vorbei", berichtet er. „In den Momenten des bedenklichen Nebeneinanders herrschte auf beiden Schiffen die feierliche Stille der Todesnähe. Nachdem wir entkommen waren, wünschte der Kapitän der ganzen Gesellschaft Glück zu ihrer Errettung." Auch seinen Kollegen Joseph von Eichendorff befielen düstere Gedanken bei der Durchfahrt: „Der Mund des Wirbels öffnet sich von Zeit zu Zeit wie das Auge des Todes. Der Mensch fühlt sich auf einmal verlassen in der Gewalt des feindseligen, unbekannten Elements."

Der graue und der weiße Mönch

Selbstverständlich hatten auch die mittelalterlichen Schiffspassagiere solche Anwandlungen. Ihnen erschien auf einem Turm, der sich im Strudenbereich erhob und „Teufelsturm" genannt wurde, eine unheimliche Gestalt, der „Graue Mönch", ein Künder von Unglück und Verderben, der plötzlich aufstieg und den Reisenden die Faust zeigte. So tauchte er im 11. Jahrhundert vor dem Schiff des Kaisers Heinrich III. auf, als dieser samt Gefolge die Donau hinabfuhr. Der Herrscher entkam zwar dem Wasserwirbel, aber bei der nächsten Rast, die auf Schloss Persenbeug gehalten wurde, stürzte eine Decke ein und riss einen begleitenden Bischof in den Tod.

Burg Werfenstein. Georg Lanz von Liebenfels brütete hier über seinen abstrusen Ideen vom Kampf der minderwertigen Rassen gegen die Edelmenschen.

Im 20. Jahrhundert gab es wiederum einen Mönch im Strudengau als Vorboten künftigen Unheils. Er war allerdings nicht grau, sondern trug den weißen Habit der Zisterzienser, und auch den nicht lange, weil er aus dem Kloster ausgetreten war. Eigentlich hieß er Adolf Josef Lanz, doch legte er sich den klingenderen Namen „Georg Lanz von Liebenfels" zu, „geboren 1872 zu Messina", während er in Wahrheit aus Penzing in der Wiener Vorstadt stammte. Er wird genannt als der „Mann, der Hitler die Ideen gab", was jedoch einigermaßen übertrieben erscheint, denn Hitler schöpfte seine Ideen aus allen möglichen Quellen, aber ein bisschen etwas war tatsächlich auch von Lanz dabei.
Der saß auf der Burg Werfenstein, die über dem Strudel aufragt und einen überaus romantischen Anblick bietet. Für ihn war es die *Helcheburg*, denn er romantisierte die Festung, freilich ohne jedweden Beweis, mit der Behauptung, hier sei die edle Helche, die erste Gattin König Etzels, daheim gewesen, bevor sie vom Pöchlarner Markgrafen Rüdiger geraubt und nach Ungarn verbracht wurde. In diesem Gemäuer gründete Alois Lanz seinen „Templerorden", hier spann er seine überdrehten Gedanken von den „Blonden", die durch die „Äfflinge" oder „Tschandalen" – gemeint sind die „minderwertigen Rassen" – bedroht werden. Sein Kummer, über den er viel nachdachte, war die Erkenntnis, dass die Frauen der Edlen zu den Untermenschen tendieren und damit zur „Rassenschande", weshalb er von kasernierten „Zuchtmüttern" schwärmte. Im Übrigen empfahl er, den „Tschandalenpöbel" zu kastrieren, zu sterilisieren, zu versklaven oder als „Kanonenfutter" zu gebrauchen.
Solche Weisheiten breitete er vor allem in der

von ihm herausgegebenen Zeitschrift *Ostara* aus, deren eifriger Leser, wie sich nachweisen lässt, der junge Adolf Hitler war. Man darf sich aber unter diesen Elaboraten nicht etwa schmuddelige Schundhefte vorstellen, die unter dem Ladentisch an verwirrte Phantasten verkauft wurden. *Ostara* wurde selbst in gehobenen Schichten gelesen und von Wissenschaftern studiert. Der Publizist Karl Kraus etwa setzte sich mit ihnen auseinander, freilich sehr kritisch, während etwa der Schriftsteller Fritz Herzmanovsky-Orlando zur Feststellung kam, Lanz-Liebenfels sei „sehr interessant, ein bisserl meschugge – aber der Kern stimmt".

Besonders bemerkenswert ist seine Beziehung zu dem bedeutenden schwedischen Dichter August Strindberg. Diesen hatte ein eigentümliches Schicksal in die Gegend des Strudengaus verschlagen, nach Dornach, wo den Großeltern seiner Frau eine schlossartige Villa gehörte. Als er einmal in Grein in einer Gaststube saß, hielt sich zufällig auch Lanz dort auf, weil er gerade über den Ankauf von Werfenstein verhandelte. Dadurch ergab sich eine Bekanntschaft, die für den Schweden nicht ohne Bedeutung war. Er soll sogar in den obskuren Templerorden eingetreten sein. In jener Zeit wandte er sich vom Atheismus ab und gelangte zu einem, wie der Lanz-Forscher Wilfried Daim sagt, „reichlich merkwürdigen Christentum". Das ging nicht ohne eine tiefe innere Krise ab. Als der *Narrische von Dornach* streifte er durch die Gegend, wurde von Schreckgespenstern verfolgt und sah in einem Engtal, der Klamschlucht, furchtbare Visionen:

„Niedergeschlagen gehe ich weiter auf dem feuchten und finstern Wege. Ein Holzhaus hält mich durch sein ungewöhnliches Aussehen auf. Es ist ein langer niedriger Kasten mit sechs Ofentüren; Ofentüren! Um Gottes Willen, wo bin ich denn? Das Bild der danteschen Hölle spukt vor mir, mit den Särgen, in denen die Sünder rot geglüht werden ... und die sechs Ofentüren!! Ein Alp? Nein, niedrige Wirklichkeit, die sich durch einen furchtbaren Gestank, einen Strom von Kot, einen Chor grunzender Schweine verrät ... Dann kommt eine Schmiede mit ihren nackten und schwarzen Schmieden, die mit Zangen, Haken, Kluppen, Hämmern bewaffnet sind ... Dann das Sägewerk und die große Säge, die mit den Zähnen knirscht, wenn sie auf der Folterbank die riesigen Baumstämme martert, deren durchsichtiges Blut auf den klebrigen Boden rinnt."

Würde jemand bei einer Wanderung durch die Klamschlucht einem Menschen begegnen, der sich derartigen Gedanken hingibt wie August Strindberg, dann könnte er wohl nur den Kopf schütteln. Denn die Schlucht ist in Wahrheit ein freundliches Bachtal, das lediglich am Anfang bei einer von hohen Felsen überragten Engstelle mit einer gewissen Dramatik aufwartet, doch auch dort kaum so, dass man sich fürchten müsste. Weiter hinten taucht dann Klam auf, eine Ritterburg, wie sie im Buche steht. Die einst dazugehörigen Häuser am Fluss, die frühere Schmiede und die Säge, wird man als recht idyllisch empfinden. Aber wer will bestreiten, dass selbst freundliche Wasserläufe bei geeigneter Stimmung trübe Gedanken hervorrufen können, denn nichts ist so unbeständig wie das Wasser, wie der Fluss, einmal gut, einmal böse, einmal anheimelnd, einmal drohend. Das hat schon Goethe gewusst, als er dichtete:

Gleich mit jedem Regengusse ändert sich
dein holdes Tal.
Ach, und in demselben Flusse schwimmst du
nicht ein zweites Mal.

Wer zufällig in den weitgehend unbekannten Winkel verschlagen wird, in dem Oberösterreich an Bayern und Salzburg grenzt, der trifft auf eine Landschaft von unerwarteter Anmut. Das wellige Bauernland ist voller Seen und Moore, es bietet Eindrücke, die man nicht leicht anderswo in Österreich findet. Das Dorf, das im äußersten Eck dieser Grenzgegend liegt, führt den Namen St. Pantaleon. Man wird wohl achtlos daran vorüberfahren, weil dort gar nichts Besonderes auffällt. Auch die Kirche entspricht offenbar dem normalen Schema der regionalen Dorfkirchen, höchstens dass sie etwas gedrungener erscheint als üblich. In Wahrheit handelt es sich um ein recht bemerkenswertes Unikum, aber der bescheidene Ort im Winkel ist nicht einmal den Kunst- und Kulturkundigen aufgefallen, und die Tatsache, dass hier nicht weniger als drei Kirchen, vielleicht sogar vier, unter einem Dach vereinigt sind, wird selbst in den genauesten Kunsttopographien kaum vermerkt.

Dem Heiligen der Wintersonnenwende geweiht: die Pfarrkirche St. Thomas am Blasenstein. Linke Seite: Archaische Düsternis rankt sich um den „Heidenstein“. Der Sage nach verhinderte hier der Teufel persönlich den Bau einer Kirche.

Der Heilige mit dem Nagel im Kopf

St. Pantaleon ist ein alter Wallfahrtsort. Das Leben des Patrons, der im 4. Jahrhundert lebte, wird in einem recht ergötzlichen barocken Bilderzyklus in der Kirche vorgeführt. Er zeigt, wie ihn die „katholische“ Mutter im „katholischen“ Glauben unterrichtet, wie er die Arzneikunst lernt und ein so berühmter Mediziner wird, dass ihn der römische Kaiser Maximilian zu seinem Hofarzt ernennt. Die Serie endet damit, dass er seinen Vater bekehrt und dieser die im Haus befindlichen Götzenbilder kurz und klein schlägt. Leider wird das Martyrium nicht mehr geschildert, denn Pantaleon wurde unerhörten Foltern unterzogen, es wurden ihm schließlich die Hände auf die Schädeldecke gelegt und dort festgenagelt. In dieser Position wird er immer dargestellt, und man mag sich nur wundern, wie man mit einem Nagel im Kopf eine dermaßen stramme Haltung annehmen kann, wie er es auf dem Hochaltar in St. Pantaleon tut. Auch auf den Votivbildern ist er so wiedergegeben, und es sind nicht wenige solcher Bilder, denn der große Arzt galt als Helfer in allen Krankheiten, vornehmlich aber bei Kopfschmerzen, wenn es im Kopf rund geht und man „wie genagelt“ ist.

Unmittelbar neben der Kirche entspringt praktischerweise ein heilsames Wasser, das natürlich auch dem heiligen Pantaleon geweiht ist.

Einst zogen so viele Pilger in den Ort, dass sich die Kirche als zu klein erwies. Es wurden daher links und rechts parallel zum Kirchenschiff Anbauten errichtet, die, um einen halben Stock höher als der Altbau, komplette Kirchenräume darstellen. So konnten bis zu drei Wallfahrergruppen unabhängig voneinander die Messe feiern. Diese „Emporenkirchen“

sind gut ausgestattet und mit schönem Stuck verziert; es handelt sich wohl um einen einmaligen Fall in Österreich, dass man drei Gotteshäuser miteinander gekoppelt hat. Nimmt man den als Kapelle gestalteten Raum unterhalb der linken Empore dazu, dann kann man sogar von vier Kirchen sprechen.

Das Jahr 1607 gilt offiziell als der Beginn der Wallfahrt. Dass sie aber älter sein könnte, verrät eine urtümliche Sage. Es soll nämlich zuerst beabsichtigt gewesen sein, die Kirche anderswo, nämlich auf dem Reiterfeld, auch Heiligenstatt genannt, anzulegen, doch sei das Baumaterial nachts mehrmals an einen anderen Ort gebracht worden, dorthin, wo man nachher die Kirche gebaut hat. Eine alte Inschrift in der Kirche meint, Sand, Stein und Holz *sei ohne Zweifel durch die H. Engel anhero ybertragen worden.*

In den meisten Sagen steckt ein wahrer Kern. Tatsächlich wird berichtet, dass an dem ursprünglich ausersehenen Platz die Reste von Fundamenten zu finden sind. Demnach hätte also ein Wechsel in der Wahl des Bauplatzes stattgefunden. Die Frage ist aber, warum man deswegen die „H(eiligen) Engel" bemühte, wo es doch bloß darum ging, ob die Kirche an dem einen oder anderen Fleck erbaut werde. Wir müssen uns da in die Gedankenwelt unserer Vorfahren hineinfühlen. Es gab Stätten, die ihnen heilig, unheimlich oder sonstwie beachtenswert schienen. Vielleicht verehrten sie dort alte, heidnische Götter, Dämonen oder Geister, denn mit der Christianisierung war ja urtümliches Gedankengut noch lange nicht ausgerottet, vielleicht hielten sie dort Zusammenkünfte ab. Es passte ihnen also durchaus nicht, wenn die gottesdienstlichen Bauten der offiziellen Religion ausgerechnet dort angelegt wurden. Viele solcher Plätze galten vielleicht auch als „Orte der Kraft", an denen die Menschen spirituelle Erfahrungen machten. Man sagt ja, dass unsere Vorfahren für derlei Dinge weit empfänglicher waren als wir Heutigen. Auch an solchen Stellen wollten sie nicht unbedingt eine Kirche haben.

Die geistlichen Bauherren mussten also nachhelfen, um den Bauplatz als von Gott auserwählt zu propagieren; sie taten es wie hier mit den Erzählungen vom vertragenen Baumaterial. Anderswo waren es die Anhänger des alten Platzes, die durch das Verschleppen des Bauzeugs und das Zerstören der entstehenden Mauern den Kirchenbau verhinderten. Wie es diesbezüglich in St. Pantaleon zuging, wissen wir nicht, der eindrucksvollste Zeuge für solches Geschehen ist aber der Eibenstein im Mühlviertel, der auch Heidenstein genannt wird.

Heidenspuk am Heidenstein

Im äußersten Norden des Landes, dort, wo die Bäche bereits gegen Norden zur Moldau fließen, findet sich der Weiler Eibenstein, der aus einigen wenigen Gehöften und Häusern besteht. Am Ende der ziemlich regelmäßig bebauten Ortschaftsstraße stößt der Besucher auf ein halbwegs ebenes Plateau. Nachweislich hielten in diesem Bereich die umliegenden Siedlungen seit unvordenklichen Zeiten ihre Gerichtsversammlungen, „Taidinge" genannt, ab. Im Hintergrund dieser Wiese ragt eine dunkle Gesteinsmasse auf, der Heidenstein. Das ist eine der üblichen Mühlviertler Granitburgen, es fehlen nicht die wannenförmigen Vertiefungen, in denen stets Wasser steht, und die Sage meint, wenn sie einmal trocken wären, gehe die Welt unter.

Jedes dieser ungezählten Gebilde im Mühlviertel wirkt rätselhaft und eindrucksvoll, hier aber steigern sich die Geheimnisse durch Stufen, die in großer Zahl in den Stein eingeschlagen sind und die sich zu einer regelmäßigen Trapezform zusammenfügen. Die meisten von ihnen sind nicht begehbar und enden am Absturz, sodass sie wohl nicht als Auf- oder Abstiegshilfe dienen konnten.

Um den Heidenstein rankt sich folgende Geschichte: Ursprünglich war geplant gewesen, auf dem Heidenstein eine christliche Kirche zu errichten. Aber das Vorhaben misslang. Alles, was tagsüber

Im Wald verborgener Ort voll ursprünglicher Kraft: die Umgebung der „Zigeunermauer" bei St. Thomas am Blasenstein.
Vorhergehende Doppelseite: Von Flechten überwucherte Granitkolosse: die „Zigeunermauer".

gebaut wurde, war in der Nacht zerstört. Man stellte daher Wachen auf, diese wurden am Morgen gefesselt und an die Bäume gebunden vorgefunden, sie berichteten, um Mitternacht sei die Wilde Jagd gekommen. Gestalten mit Tierhäuptern und Hörnern seien aufgetaucht, die fürchterlich tobten und brüllten. Außerdem fand sich das Baumaterial am nächsten Tag in dem rund eineinhalb Stunden entfernten Dorf Rainbach. Wie sich das genau zutrug, hatten die Wächter in der Dunkelheit nicht beobachten können. Jedenfalls weigerten sich die Bauleute, an dem offenkundig vom bösen Feind beherrschten Ort weiterzuarbeiten; das Gotteshaus wurde schließlich in Rainbach erbaut. Nur noch die Stufen erinnern an den ursprünglichen Plan. Ernst Burgstaller, Professor für Volkskunde, meint dazu: „Während in allen übrigen bisher bekannt gewordenen Sagen dieser Art nur von geisterhaften Wesen die Rede ist, kennt man am Eibenstein – und das ist das ganz Außergewöhnliche an dieser Sagenfassung – die Verhinderer des Kirchenbaues als sichtbare Realitäten, als Wesen mit menschlichen Armen und Beinen, aber mit Tierhäuptern, kurz, als eine Gruppe von Menschen, die unter Einsatz von Terror und Schreckmasken dem Vorhaben des Kirchenbaues auf einem ihnen nicht genehmen Baugrund begegneten." Er zieht dazu Parallelen zu den Schrecken erregenden Perchtengruppen oder zu den Krampussen und meint, es habe sich offensichtlich um einen „Kultbund heidnischer Prägung" gehandelt, der dem Kirchenbau am geheiligten Platz entgegentrat. Derartig verkleidete Menschen waren der Kirche übrigens nie geheuer, und es gibt aus dem Salzkammergut Berichte, wonach Männer, die in Krampusadjustierung ums Leben kamen, kein christliches Begräbnis erhielten, sondern an Ort und Stelle verscharrt wurden.

Am Eibenstein ist das Terrorkommando jedenfalls mit Erfolg eingeschritten. Was immer dort gebaut werden sollte – es muss nicht unbedingt eine Kirche gewesen sein, vieles spricht für eine so genannte „Turmburg" –, es wurde nicht ausgeführt. Die Stufen, als Auflieger für Wände und Mauern gedacht, sind das einzige, was von dem Vorhaben blieb, und manches deutet auf einen plötzlichen Abbruch der Arbeiten hin. Der unheimliche Granitfelsen, um den sich noch weitere Sagen ranken, blieb unberührt, ein heiliger Ort der Vergangenheit, wie es in solcher archaischen Düsternis kaum einen anderen in unserem Lande gibt.

Attraktionen am Blasenstein

Anders als mit einem vorzeigbaren Wink des Himmels war es auch in St.Thomas nicht zu machen, als es sich irgendeine geistliche oder weltliche Obrigkeit in den Kopf setzte, neben dem Blasenstein eine Kirche zu begründen. Es handelt sich immerhin um den bis heute berühmtesten Kultstein des Mühlviertels, um einen gewaltigen Koloss, der auf einem noch gewaltigeren Felsen aufsitzt, und zwar in so herrlicher Aussichtslage, dass sich ein umfassendes Panorama des ganzen Landes auftut. Seine weitum bekannte Spezialität ist ein Spalt, die so genannte „Buckelwehlucken". Wer sich durch sie zwängt, streift Krankheiten und Übel, vornehmlich Kreuzschmerzen, von seinem Körper ab. Offenbar galt der gesamte Bereich um diesen heilsamen Block als etwas Besonderes, denn als auf dem geheiligten Platz die Anlage einer Kirche geplant wurde, mussten Vögel her, welche die Holzspäne von dem an einem anderen Ort geplanten Bau hierher trugen. So abgesichert konnte das Gotteshaus entstehen, es ist dem heiligen Thomas, dem Heiligen der Wintersonnenwende, geweiht, was wiederum zu allerlei Spekulationen der Volkskundler Anlass gab.

Vor ein paar Jahrzehnten gab es wiederum viel Aufregung um den Blasenstein. Ausgerechnet auf dem einzigartigen Felsgebilde sollte ein riesiges Heimkehrerkreuz aufgestellt werden. Die Heimatfreunde liefen Sturm gegen das Vorhaben, das den ehrwürdigen Platz nachhaltig verändert hätte. Es

Mumie mit der Kraft zum Heilen: die Leiche des „luftg'selchten Pfarrers" in der Gruft von St. Thomas am Blasenstein.

war im Grunde genommen die gleiche Situation, in der man vor Jahrhunderten Vögel oder Engel zu Hilfe gerufen hatte, um den Willen des Himmels zu dokumentieren. Im 20. Jahrhundert hätten aber Geschichten von vertragenen Holzspänen keine Chance gehabt, geglaubt zu werden, man musste zu anderen Mitteln greifen. Eine riesige Pressekampagne wurde gestartet, der Öffentlichkeit wurde das Besondere des Platzes nahegebracht, und so konnte man schließlich durchsetzen, dass das Kreuz anderswo errichtet wurde und der Blasenstein in seiner Ursprünglichkeit erhalten blieb.

Er ist heute noch höchst beeindruckend, wenn auch die Scharen von Schulkindern und Seniorenausflüglern, welche die Örtlichkeit frequentieren, den Durchkriechbrauch mehr als Jux auffassen und besonders erheitert sind, wenn einmal einer in der engen Lücke nicht mehr vor und nicht mehr zurück kann. Anschließend ziehen sie zur nächsten Attraktion von St. Thomas. Unter der Kirche findet sich ein Raum, in dem vor etwa dreihundert Jahren ein Priester beigesetzt wurde. Seine Leiche ist der normalen Verwesung nicht anheim gefallen, sie wurde aus unbekannten Gründen mumifiziert und so starrt dem Besucher aus dem mit einer Glasplatte abgedeckten Sarg immer noch das grässliche Angesicht des Toten entgegen. Irgendjemand hat einmal dafür das Wort vom *luftg'selchten Pfarrer* geprägt, unter dem der Leichnam bis heute große Popularität genießt. Nicht alle aber haben ihren Spaß an der makaberen Sehenswürdigkeit. Über dem Sarg hängt eine schwarze Marmortafel mit der Aufschrift: *Dank und Bitte 1987*, und in der Fensternische des Raumes fand ich Blumen und einen Zettel, auf dem in unbeholfener Schrift geschrieben stand: „Vielen Dank für Deine Hilfe." Der Pfarrer aus dem 18. Jahrhundert soll an Epilepsie gelitten haben, und so wird er offenbar von Menschen, die mit diesem Leiden geplagt sind, mehr und mehr angerufen. Ob sich da ein neuer Wallfahrtsort entwickelt?

Heiligenbilder auf Bäumen

Beim Ursprung einer großen Gruppe von Andachtsstätten ging es weit weniger spektakulär zu. Nicht Engel, nicht Teufel hatten ihre Hand im Spiel, sondern eine fromme Seele befestigte ein Heiligenbild oder eine Statue an einem Baum, damit hatte es sich auch schon. Nun gibt es freilich derartige Bildbäume in unseren Waldungen und auf unseren Fluren in Fülle, ohne dass im Geringsten daran gedacht war, aus ihnen ein Wallfahrtsziel zu machen. Wir wissen aber aus anderen Bundesländern, dass die Begründer solcher Orte markante Persönlichkeiten waren, mitunter solche mit psychischen Auffälligkeiten, die mit größtem Eifer bestrebt waren, sich dadurch, dass sie am Beginn einer berühmten Pilgerstätte standen, ewige Ehre und immerwährendes Andenken zu sichern. Alexander Schinagl, der durch Anbringen eines Marienbildes an einer Eiche den Pilgerort Maria Taferl begründete, war ein von schweren Depressionen geplagter Mann, Rudolf von Grimming, der Urheber von Maria Plain, ein verkrachter Adeliger, Franz von Coduzzi, der Stifter von Maria Trost bei Graz, ein streitlustiger Schwärmer. Jeder von ihnen setzte sich mit aller Vehemenz für „seinen" Gnadenort ein. Ähnlich wird es wohl auch in Oberösterreich gewesen sein. Von Ferdinand Sertl, der im späteren Christkindl ein primitives Wachsbild des Jesuskindes auf einem Baum zur Verehrung anbrachte, wissen wir, dass er von epileptischen Anfällen geplagt war. Von Franz Obermayr, einem armen Bediensteten des Linzer Kapuzinerklosters, der eine Marienfigur auf dem Pöstlingberg in der Nische eines Baumes postierte, ist uns ein Porträt überliefert. Es zeigt einen Mann, der wie ein Guru ausschaut, mit dunklem Bart und ernstem, bohrendem Blick. Auch die damaligen Stadtbewohner werden seine Erscheinung als bemerkenswert empfunden haben; er lebte ja noch, als am Ort seines frommen Werkes die prächtige Wallfahrtskirche erbaut wurde.

In der Geschichte von Maria Schmolln gibt es kein Exemplar dieser merkwürdigen Gründerväter. Hier war es bloß ein einfacher Bauer gewesen, der um 1735 an einen Baum ein Marienbild genagelt hatte, weil ihm sein zwölfjähriger Sohn durchgebrannt war und er keine Nachricht mehr von ihm erhielt. In seiner Not ersuchte er, die Vorübergehenden sollten dort für den Buben beten. Andere Leute hängten Tafeln dazu, und so entstand eine kleine Waldandacht mit Kapelle, wie es sie zu Dutzenden in unserem Land gibt. 1810 wurde die Andachtsstätte über obrigkeitliche Anordnung demoliert und erst 1850 entstand sie wieder.

Die Gegend war ziemlich entlegen. Kirchgänger, Schulkinder und Trauerzüge mussten stundenlang zu den nächsten größeren Siedlungen marschieren; daher taten sich ein paar Bauern zusammen, weil sie eine Pfarrkirche, eine Schule und einen Friedhof brauchten. Die kirchliche und auch die weltliche Obrigkeit erkannten, dass sich da, an dem Ort der kleinen Waldandacht, eine günstige Gelegenheit für ein religiöses Zentrum ergäbe, und förderten den Plan nach Kräften. Es wurde auch bald ein Kloster der Franziskaner installiert, und so entwickelte sich der weit über die Grenzen hinaus bekannte Wallfahrtsort Maria Schmolln.

Die Orte des Gebets waren Zuflucht und Trost für die Bevölkerung: Die Votivbilder in Maria Schmolln erzählen von großem Unglück und wundertätiger Heilung.

Geschlucktes Geld und der Biss eines Schweins

Wie immer solche Gebetsorte entstanden sind, sie zeigen an allen Ecken und Enden, wie sehr sie Zuflucht und Trost für die Bevölkerung waren und wie sehr sie es bis heute geblieben sind. Recht deutlich wird das, wenn man etwa die Votivbilder in Maria Schmolln einer näheren Betrachtung unterzieht. Es sind nicht allzu viele, und keines ist älter als etwa 150 Jahre, doch schildern sie die verschiedensten Nöte und Anliegen. Da gibt es einen achtjährigen Buben, auf den ein zentnerschweres Scheunentor gefallen ist. Die Mutter eilt schreckensbleich herbei und kann erleichtert feststellen, dass *durch die Fürbitte der seligsten Jungfrau Maria* nicht viel passiert ist. Ein anderer stürzt auf ein Mühlrad und sieht den Tod vor Augen, *aber durch die Anrufung der Muttergottes in Schmolln blieb die Mühle stehen, und Maria hat geholfen.* In Waldzell gab es viel Aufregung, weil ein sechsjähriges Kind ein Vier-Kronen-Stück geschluckt hatte. Der Vorfall wird auf dem Bild bis zu seinem guten Ende in allen Details erzählt, und die verhängnisvolle Münze ist im Original darauf angebracht. Wie es hingegen mit einem Kind aus Munderfing weiterging, das *nicht auf die Füsse zu stehen kommen wollte,* wissen wir nicht.

Ein k.k. Feldjäger berichtet von einer glücklich

verheilten Schussverletzung, während eine Bäuerin sich *hieher wegen einen gefährlichen schwein Biß* begab. Bei der Wundversorgung konnten ja allerlei Komplikationen auftreten, auch die Infektionsgefahr war beträchtlich, insbesondere wenn man von einem Schwein gebissen worden war. Da die Ärzte schwer erreichbar waren, vertraute man umso mehr der Anrufung der Gottesmutter und den Mitteln der Volksmedizin. Gegen *wüthige Hundebiß* etwa hängte man den Kindern einen Zettel mit einer Zauberformel um den Hals. Bei einem auf einem Bild dargestellten Jungen dürfte man das unterlassen haben, denn er liegt jämmerlich am Boden und wird von einem großen schwarzen Hund attackiert. Aber wiederum: *Maria hat geholfen* – sie war eine verlässliche Zuflucht. Wenn wir hingegen einen Exkurs in die volkstümlichen Heilmethoden machen, dann begegnen uns mitunter abenteuerliche Vorschläge, wie sie etwa Hans Schwaiger im *Braunauer Bezirksbuch* schildert: „Bei Fraisen eines Kindes soll die Mutter einer lebenden Maus den Kopf abbeißen, diesen in ein Säcklein aus Leder oder Stoff einnähen und dem Kind um den Hals hängen. Bei Vollmond muss dann das Kind durch einen Baum mit zwei Stämmen oder durch einen unterhöhlten Wurzelstock gezogen werden, wobei Gebete zu sprechen sind. Wenn der Mauskopf am Hals des Kindes vertrocknet ist, soll das Kind gesund sein."

Ein Wunder aus dem Jahre 1507 im Mirakelbuch des J. Chr. Wasner (1599): Ein Kind fällt aus dem Fenster und wird unverletzt aus einer Astgabel geborgen.

Die Mirakelbücher von St. Wolfgang

Womöglich noch interessanter als auf den Votivbildern werden die wunderbaren Ereignisse in den sogenannten Mirakelbüchern geschildert. In Oberösterreich gibt es nur relativ wenige davon, die bemerkenswertesten finden sich in dem altberühmten Wallfahrtszentrum St. Wolfgang am Wolfgangsee. Dort hatte der heilige Wolfgang, Bischof von Regensburg, als Einsiedler gelebt, mit eigenen Händen, doch mit handgreiflicher Unterstützung des Teufels. die Kirche erbaut und auf den Steinen die Eindrücke seines Körpers hinterlassen. Die Anziehungskraft dieser Legende war ungeheuer. Bereits 1306 wird gemeldet, aus allen Himmelsrichtungen kämen die Gläubigen wegen der Gnadenmacht des Heiligen zusammen, und im 15. Jahrhundert wurde die Frequenz dieses Pilgerortes nur von wenigen anderen in Europa übertroffen. Nicht nur habsburgische Kaiser, auch Herzöge von Bayern und Sachsen, sowie Bischöfe aus Magdeburg, Olmütz und Passau wendeten sich an den heiligen Wolfgang. Das war nicht zuletzt der Propaganda durch die Mirakelbücher zu verdanken, und die Wunder, die darin erzählt werden, sind ja auch wirklich im höchsten Maß erstaunlich.

So meldete etwa Paul Eder, ein ehrbarer Bürger aus Passau, man habe ihm einen Dolch dermaßen in die Seite gerammt, dass die Lunge heraustrat. Man habe das Gewebe nicht wieder hineinbringen mögen, ohne es zu zerdrücken, weshalb man die heraushängenden Teile mit einer Schere abschnitt. Die Prozedur war fürchterlich schmerzhaft, aber durch Anrufung des heiligen Wolfgang vermochte er sie zu überstehen.

Eine Magd aus Hallein fiel mit dem Kopf voran von einem Hausdach auf das Pflaster. Ihre Hirnschale brach entzwei und ließ sich *wie ein Oberlichtfenster* öffnen und schließen; sogar das Hirn konnte man sehen. Auch sie wurde aber frisch und gesund, nachdem die Umstehenden eine Wallfahrt gelobt hatten.

Ein Kaufmann aus Salzburg hatte von einem italienischen Geschäftspartner zweitausend Gulden zu fordern und musste fürchten, dass das Geld perdu sei. Nachdem er aber nach St. Wolfgang gepilgert war, wurde nach kürzester Zeit die Schuld beglichen.

St. Wolfgang als Nothelfer: das Titelbild der von Abt Bernhard Lidl 1732 und 1753 herausgegebenen Mirakelbücher.

Ein Bierbrauer aus Niederbayern bemerkte, dass sein Bottich undicht wurde. Als er den heiligen Wolfgang anrief, hörte das Bier zu fließen auf. Später stellte er fest, dass sich am Boden ein faustgroßes Loch gebildet hatte, eigentlich hätte also die gesamte Flüssigkeit ausrinnen müssen, hätte nicht, wie es im Bericht heißt, *Wolfgangus mit seinem Wunder-vollen Gnaden-Häckl einen Spund vorgemacht.*

Dieses *Häcklein* war das ständige Attribut des Heiligen, seine Erkennungsmarke, die er auf allen Darstellungen fest in der Hand hält, auch wenn er als Schulanfänger gezeigt wird oder als Krieger, der den Kaiser auf einen Feldzug nach Frankreich begleitet. Es geht auf die berühmteste aller seiner Legenden zurück, die vom Beilwurf am Falkenstein. Wolfgang ist dort niedergekniet, heißt es, *hat Gott eyfrigist gebetten, ein Orth anzuzeigen, an welchem er Ihme ungehindert dienen möge.* Dann hat er sein Handbeil von der Höhe ins Tal geworfen und gelobt, dort, wo er es finde, *ein Hüttlein und eine*

Kirche zu bauen. Das Handbeil ist *aus übernatürlicher Krafft* fast vier Kilometer weit geflogen bis zu der Stelle, an der heute die Wallfahrtskirche steht.

Was ist von diesem seltsamen Mythos zu halten? Ein Teil der Gelehrten, die sich damit auseinandersetzten, meinte, der Beilwurf habe mit Grenzen und Grenzziehungen zu tun. In alten Gesetzen heißt es nämlich wiederholt, so weit jemand ein Beil werfen könne, gehöre das Land ihm. Wenn Wolfgang also von dem im Salzburger Gebiet gelegenen Falkenstein aus seine Hacke ins Mondseer Land schleuderte, könnte damit gemeint sein, dass der Besitz des Wolfganger Landes eigentlich dem Erzbischof zustehe. Es gibt auch die Vermutung, durch die Sage vom Beilwurf sei der Grenzstreit zwischen Salzburg und Mondsee beendet worden. Andere wieder verweisen auf Göttergestalten von der Sorte des germanischen Donar, der stets ein Beil oder einen Hammer in der Hand hält. Die Axt ist ja ein uralter magischer Gegenstand, mit ihr wurden schon auf bronzezeitlichen Darstellungen Götter und Helden abgebildet. Der beilschwingende Einsiedler hätte also einen heidnischen Dämon ersetzt, der am Falkenstein und in St. Wolfgang in vorchristlicher Zeit verehrt worden war.

Bischof mit der scharfen Axt: Statue des heiligen Wolfgang aus der Schule Meinrad Guggenbichlers in der Wolfgangskapelle.

Auf alle Fälle genoss der Heilige mit dem Hackl bei den Leuten hohen Sympathiewert, sei es, weil er an die alten, eingewurzelten Gottheiten erinnerte, sei es, weil da ein heiliger Bischof nicht nur mit den Insignien seiner Würde, sondern auch mit einem im Alltag gebräuchlichen Werkzeug hantierte, sodass ihn etwa Zimmerleute oder Holzknechte zu ihrem ganz speziellen Patron erwählten.

Der Mythos vom Beilwurf ist jedenfalls eine in weite Vorzeit weisende, vollkommen unrealistische Erzählung, die uns Heutige kaum mehr anzusprechen vermag. Sollte man meinen! In Wahrheit ist die Wallfahrt zum heiligen Wolfgang nach wie vor höchst lebendig. Während der ganzen warmen Jahreszeit ziehen Pilgergruppen über den Falkenstein, und besonders im Frühjahr ist die Luft dort oben nicht selten voll von ihren Gebeten und Gesängen. Der Pfarrer von St. Wolfgang ist ausgelastet mit der Betreuung, und jedes Jahr sind es mehr, die den nicht unbeschwerlichen Marsch auf sich nehmen. Bis zu zweihundert Personen kommen jährlich am ersten Samstag im Mai aus Mondsee, und unaufhörlich rufen sie den Patron an: *Bitt für uns, heiliger Wolfgang, dass uns der Schauer nicht schaden kann!,* während es bei einer anderen Gruppe heißt: *dass uns der böse Feind nicht schaden kann.* Mag auch für viele der sportliche, gesellige oder traditionelle Aspekt der Wanderung im Vordergrund stehen, ein spirituelles Erlebnis verspüren sie allzumal. Wallfahrt, das ist eben ein Eintauchen in eine archaische Welt, in eine Welt, die weder real noch logisch ist. Nirgendwo sonst kann man eine so perfekte Zeitreise unternehmen aus dem materialistischen Leben unserer Gegenwart in die Gedanken und Gefühle unserer Vorfahren, als wenn man die alten, heiligen Wege wandert, zu einem Ziel, das voll ist von Wundern und Zeichen. Nur um Gott zu verehren müsste man ja nicht so weit marschieren, müsste man auch nicht besondere Kirchen aufsuchen. Vielleicht spüren manche Menschen, die sich dafür begabt halten, dass sie hier an einem Ort der Kraft stehen, an dem es ihnen leichter fällt, sich mit jenseitigen Welten zu verbinden, als anderswo.

Der Mythos gehört jedenfalls dazu, er ist das Salz und die Würze der heiligen Stätten. Selbst ein Kultort mit einer so nüchternen Entstehungsgeschichte wie Maria Schmolln konnte nicht völlig auf ihn verzichten. Es wurde erzählt, man habe lange Zeit vergeblich nach dem für den Kirchenbau benötigten Wasser gesucht. Mit einem Mal sei „ein altes Mütterlein" gekommen und habe gesagt: „Da müsst ihr graben, da gibt es Wasser genug!" Und tatsächlich wurde durch diesen Rat das Problem gelöst.

Selbst eine Pilgerstätte, die nach dem Zweiten Weltkrieg von Heimkehrern begründet wurde und zunächst als Dank für den überstandenen Krieg gedacht war, kam nicht ganz ohne den Mythos aus. In Schardenberg, ganz in der Nähe zur deutschen Grenze bei Passau, entstand auf dem Fronwald, einer aus dem Dorf aufragenden Graniterhebung, ein Heiligtum, Der Hügel zeichnet sich nicht nur durch eine weite Fernsicht aus, die bis zu den Häusern von Passau reicht, er galt auch als der Ort, wo der heilige Severin bereits im 5. Jahrhundert neben einigen mächtigen Granitblöcken das Christentum gepredigt hatte. Der neue Pilgerort wurde also, ob bewusst oder unbewusst, an einer sagenumwobenen Stelle angelegt. Dazu kam aber eine Geschichte, die gewiss nicht ausschlaggebend für die Gründung war, aber doch weitergegeben wurde zum Beweis, dass es sich offenbar um eine auserwählte Örtlichkeit handelte. Ihr Wahrheitsgehalt soll hier auch gar nicht bezweifelt werden:

Am 18. Mai 1939 kam der Linzer Bischof nach Schardenberg, um am nächsten Tag zwei junge Männer zu Priestern zu weihen, ein großes Ereignis für das abgelegene Dorf; es war daher alles aufs Festlichste geschmückt. Damals stand bereits der Nationalsozialismus an der Macht, und so wurde in der Nacht alles Dekor, Girlanden und Kränze, abgerissen und samt den Fahnen in den Fronwald verschleppt. Als am Festtag unter großer Teilnahme der Umzug stattfand, brach mit einem Mal ein fürchterliches Gewitter los. Der erste Blitz schlug in den Maibaum ein und warf alle Embleme des Regimes, Hakenkreuze und anderes, herab, während ein zweiter ausgerechnet jene Fichte traf, unter der die zerfetzten päpstlichen Fahnen lagen. „Das Volk aber", so schließt der Bericht, „sah darin ein Gottesurteil."

Burgen und Schlösser mit ihren Herrschaften

Erinnerung an die Kriege der Feudalzeit: Musketen in der Waffensammlung von Schloss Starhemberg in Eferding.

Linke Seite: Romantisches Gemäuer: der mächtige Bergfried der Burg Klam.

Das nördliche Hausruckviertel wird gern als „Landl" bezeichnet. Es ist eine Gegend, deren Bewohner einst als gemächlich und bedächtig angesehen wurden. Ihre Nachbarn, die temperamentvollen Leute vom Innkreis, spotteten: *Die Landla, die Bandla, die Nudeldrucka! Wenn d' Innviertler kumman, müssen s'umirucka.* Wobei man unter einem „*Nudeldrucker*" einen kleinlichen, entschlussschwachen Menschen zu verstehen hat. Dabei brachte gerade dieses „Landl" die wichtigsten Akteure des oberösterreichischen Bauernkrieges und manche andere tatkräftige Persönlichkeit hervor. Außerdem war der Landstrich einst drauf und dran, ein eigenes, reichsunmittelbares Gebiet zu werden, eine Art Pufferstaat zwischen Österreich und Bayern, und das kam so: Es saßen hier die Herren von Schaunberg, die man als das machtvollste Adelsgeschlecht bezeichnet hat, das je in Oberösterreich residiert hat. In ihrer Glanzzeit reichte ihr Herrschaftsgebiet von der Donau bis zum Attersee, und das Kernstück wurde „Schaunberger Ländchen" oder eben das „Landl" genannt. Selbst als Ruine ist ihre Burg, hoch über dem Eferdinger Becken gelegen, noch eine markante Sehenswürdigkeit, nicht nur wegen der gewaltigen Wehrmauern, sondern auch wegen mancher architektonischer Feinheit, die der Kenner an Türgewänden, an Fensterumrahmungen und an erhaltenen Gewölbestücken bemerkt. Die Repräsentation, um die es den Schaunbergern dabei zu tun war, kann aber den Mangel an Reputation nicht verdecken, denn der Nachruf, den sie in der Geschichte genießen, weist eine Menge dunkler Flecken auf.

Wie bei Eferding beinahe ein eigener Staat entstand

Sie waren vor Zeiten aus Bayern eingewandert und hatten sich die Donaumaut bei Aschach gesichert, ein höchst einträgliches Geschäft, das sie trefflich zu nutzen und zu mehren verstanden. Bald gab es Klagen der Kaufleute über willkürlich angesetzte Mautgebühren und andere Schikanen, die so weit gingen, dass zahlungsunwillige Händler auf der sogenannten Schlangeninsel festgesetzt wurden. Unterhalb ihrer Burg Neuhaus erbauten sie den „Kettenturm". Von dort konnten sie eine lange Sperrkette zu einem Mauerwerk am anderen Donauufer spannen und damit den Schiffsverkehr lahmlegen. Derlei Eigenwilligkeiten führten alsbald zu Missstimmung bei höhergestellten Herrschaften, etwa den Bischöfen von Passau und den Herzögen von Österreich; aber die Schaunberger verstanden es, sich zu arrangieren, und konnten sich allmählich eine ansehnliche Zahl von Ländereien zu eigen machen.

Graf Ulrich, der in der zweiten Hälfte des 14. Jahrhunderts lebte, gebärdete sich entsprechend

Ausgedehnte Wehranlagen künden von Macht und Trutzhaftigkeit eines der bedeutendsten oberösterreichischen Adelsgeschlechter: Ansicht der Burg Schaunberg, Tuschpinselzeichnung, 1670.

selbstbewusst. Er erklärte, in seinem Territorium sei er Papst, König, Bischof, Diakon und Dechant in einem. Als in seinem Gestüt die Pferde einer Seuche zum Opfer fielen, meinte er, er werde sicher nicht auf einem Esel wie Jesus Christus reiten, eher werde er sich auf einen Bauern setzen. Auch soll er die Priester verachtet und über sie gesagt haben, sie seien „geweihte Bauern". Die Geistlichkeit verbreitete daher über den eingebildeten Adeligen entsprechend schlimme Gerüchte. Es wurde behauptet, seine Gattin habe eine Missgeburt mit einem Hundskopf und vier Beinen zur Welt gebracht, auch habe ihn Gott mit viel Krankheit geschlagen, und trotz der Anwesenheit zahlreicher Priester sei er ohne die Tröstungen der Religion verstorben.

Ulrichs Nachfolger Heinrich versuchte offen, sich aus der Abhängigkeit von den Habsburgern zu lösen. Er verbündete sich mit anderen Mächtigen im Lande, und es kam zu den „Schaunberger Fehden". Obwohl Herzog Albrecht von Österreich selber einschritt, vermochte er nur die Ländereien seines Gegners einschließlich der Stadt Eferding zu besetzen, nicht aber dessen feste Burgen zu brechen. Die Schaunburg wurde lange Zeit vergeblich belagert. Auch heute noch kann man beim Abschreiten der ausgedehnten Wehranlagen etwas von der Macht und

Burgruine Schaunberg: Reste der in der ersten Hälfte des 14. Jahrhunderts erbauten Hauptburg. Der Torbau trägt das Steinmetzzeichen der Bauhütte von St. Stephan in Wien.

Trutzhaftigkeit des Geschlechtes verspüren, das dem Herzog von Österreich über lange Zeit Paroli bieten konnte. Übrigens soll es damals zu einem frühen Einsatz „chemischer Waffen" gekommen sein, denn es wird berichtet, die Belagerer hätten „kleine, mit menschlichem Kot gefüllte Gefäße in die Burg geschleudert". Der Historiker Siegfried Haider, der den Geschichten, die über die Schaunberger verbreitet wurden, recht skeptisch gegenüber steht, spricht von „Stinkbomben". Sie hätten allerdings nichts genützt, die Burgleute hätten dem üblen Geruch widerstanden, und der Herzog habe erfolglos abziehen müssen. Trotz der gelungenen Verteidigung der Burgen war aber das wirtschaftliche Rückgrat der Grafen gebrochen. Sie waren gezwungen, ihr Land von den Habsburgern zu Lehen zu nehmen und traten fortan in der Geschichte wesentlich leiser auf.

Wie sehr es den Grafen Heinrich wurmte, dass er sich Österreich unterwerfen musste, kann man an seiner Burg Neuhaus heute noch feststellen. Neuhaus liegt auf dem Höhenzug, der das Donautal gegen Norden begleitet, ein eindruckvolles, romantisches Gemäuer, das im 16. Jahrhundert durch prominente Festungsarchitekten geschickt ausgestaltet wurde. Den Kern bildet immer noch der wuchtige

Wuchtiges mittelalterliches Mauerwerk: im Inneren der Buirgruine Schaunberg.
Folgende Doppelseite: Hoch über dem Tal der Waldaist liegt die Burgruine Prandegg, ehemals im Besitz der protestantischen Jörger.

mittelalterliche Bergfried mit fünfeckigem Grundriss. Hoch oben an den Ecken sind steinerne Wasserspeier angebracht, die weit in die Luft hinausragen. An drei Seiten sind es Tierköpfe, gegen die Schaunburg zu ist es ein Männerkopf; genau in Richtung Wien aber reckt sich ein menschliches Hinterteil, von Händen umfaßt, welche die Backen auseinanderziehen.

Auch der Schaunberger Friedrich, der es zum Erzbischof von Salzburg brachte, legte seiner Sippe wenig Ehre ein. Obwohl er die Wiener Universität frequentiert hatte, galt er als so ungebildet, dass Kaiser Friedrich III. sinngemäß über ihn urteilte: „Der taugt zum Bischof genau so wenig wie ein Schwein zum Briefzustellen. Messelesen kann er nicht, und in der lateinischen Grammatik kennt er sich auch nicht aus." Er leistete sich eine Konkubine, der er vollkommen hörig war. Sie kam zu enormem Reichtum, weil sie sich wie eine Landesfürstin ehren und durch Geschenke verwöhnen ließ. Der Sohn, der dieser Verbindung entstammte, brachte durch den Aufwand, den er trieb, die Bürger in Aufruhr. Die Amtszeit dieses Friedrich V. von Schaunberg markiert ohne Zweifel einen Tiefpunkt in der Salzburger Kirchengeschichte.

In späterer Zeit zeigten die Schaunberger freundlichere Züge. Dem vorletzten von ihnen, Graf Georg III., war ein recht sonniges Gemüt zu eigen. Ein lebensfroher Mann, betrieb er eine aufwendige Hofhaltung, nicht mehr in der düsteren Burg, sondern in der Stadt Eferding. Obwohl er als tüchtiger Zecher galt, erreichte er ein für die damalige Zeit biblisches Alter von 83 Jahren, in dem er unter Hinterlassung gewaltiger Schulden verstarb. Der Liebreiz seiner Tochter Anna fiel selbst noch am Wiener Hof auf; ein Dichter, der aus Spanien stammte, widmete ihr mehrere Gedichte. Sie war die letzte Schaunbergerin, sie heiratete den Erasmus von Starhemberg, mit dem ein neues Geschlecht in die alte Herrschaft einzog.

Die tüchtigen Herren von Starhemberg

Die Starhemberger nannten sich nach der Burg Storchenberg, die einer der ihren im 13. Jahrhundert in der Nähe von Haag im Hausruck erbaut hatte. Freilich führten sie die Reihe der Vorfahren in weit frühere Zeiten zurück. Im Ahnensaal ihres Schlosses hatten sie die Bilder ihrer Vorvorderen aufgehängt. Der erste davon ist ein finster blickender Ritter, der sich laut Inschrift Winulphus nannte und mit Alarich, dem König der Goten, anno 408 ins Land gelangt sein soll. Offenbar gefiel es ihm in Oberösterreich so gut, dass er sich niederließ und anfing, die Burg und die Stadt Steyr zu bauen. Das ist natürlich alles barocke Erfindung, in Wahrheit tritt uns der erste des Geschlechtes unter dem Namen Gundaker von Steinbach erst um 1150 entgegen, nicht weil er irgendeine Heldentat vollbracht hätte, sondern weil es ihm gelang, eine reiche Erbin an Land zu ziehen und zu heiraten. Näheres wissen wir nicht über ihn, auch seine Herkunft ist unbekannt, er dürfte aber, dem Erfolg nach zu schließen, ein attraktiver Mann gewesen sein. Die Vitalität haben sich die Starhemberger über die Jahrhunderte bewahrt, eigentlich bis heute, bis zu Fürst Georg Adam, dem derzeitigen Chef des Hauses, einem blendend aussehenden, sportlichen Herrn, der wegen seiner unkomplizierten Wesensart gerühmt wird.

Sie waren alle verlässliche Diener der Habsburger und Österreichs. In ihrer Geschichte gibt es viele markante Gestalten, manche mit Allüren und Eskapaden, man stößt jedoch weder auf Skandale oder Untaten, derer sich die Familie schämen müsste, noch auf Unholde oder ausgesprochene Versager. Etliche von ihnen griffen nachhaltig in die Geschichte ein, die wohl mitunter anders verlaufen wäre, wenn es das Geschlecht aus dem „Landl" nicht gegeben hätte.

Das Glanzlicht bildet dabei jener Ernst Rüdiger von Starhemberg, der als Stadtkommandant von Wien im Jahr 1683 die Türkenbelagerung durch-

zustehen hatte. Er hielt sich dabei so ordentlich, dass ihm noch um das Jahr 2000 eine – wenngleich zweifelhafte – Ehre zuteil wurde, indem nämlich den leidigen Bombenlegern kein besserer Name als der seine einfiel, um ihren Bekennerbriefen den Anstrich von Ehrenhaftigkeit und Heldentum zu verleihen.

Ein anderer Starhemberg, Georg Adam, zeichnete sich unter Maria Theresia als Gesandter am Hof von Versailles aus. Er war es, der jenes Bündnis zwischen Österreich und Frankreich schmiedete, das in den Auseinandersetzungen mit Preußen eine große Rolle spielte. Als Zeichen dieser Verbrüderung wurde die Erzherzogin Marie Antoinette mit dem französischen Thronfolger vermählt, was ihr, wie wir wissen, letztlich gar nicht gut bekam. Georg Adam aber wurde zum Dank für seine Bemühungen in den Reichsfürstenstand erhoben, sodass auch seine Nachkommen als Fürsten anzusprechen sind.

Die Starhemberger waren auch sonst ein agiler Adelsstamm. In allen möglichen Bereichen begegnet man ihrem Namen. Einer finanzierte den Bau der Kirche auf dem Pöstlingberg bei Linz, ein anderer beherbergte Wolfgang Amadeus Mozart in seinem Linzer Palais. Ein Wilhelm von Starhemberg gewann 1892 „gegen starke Konkurrenz", wie es heißt, den Distanzritt Berlin–Paris. Erwähnt sei auch das Starhembergische Freihaus, ein riesiger Wohnkomplex aus dem 18. Jahrhundert in der Wiener Vorstadt Wieden, von dem man sagt, er habe die „Wohnmaschine" des Le Corbusier vorweggenommen. Etwa tausend Menschen hausten und werkten in dem Block, darunter 60 Schneider und 40 Schuster, es gab auch ein Theater darin, und zwar ein sehr prominentes, weil darin Mozarts *Zauberflöte* uraufgeführt wurde. Schließlich muss die Rede sein von jenem zweiten Fürsten Ernst Rüdiger, nämlich jenem, der in der Zeit zwischen den beiden Weltkriegen eine nicht unerhebliche Rolle gespielt hat. Heute ist auch er schon fast eine mystische Figur der österreichischen Geschichte geworden mit allen seinen Fehlern und Vorzügen, denn von beidem hatte er nicht zu wenig mitbekommen. Er war der oberste Chef der sogenannten Heimwehren, das waren die paramilitärischen Verbände der konservativen Seite, welche das Gegengewicht zum Republikanischen Schutzbund auf der anderen Seite bilden sollten. Entsprechend groß war der Hass auf die Sozialdemokraten, die vom Fürsten und

Träumen von schönen Burgfräulein, edlen Rittern und getreuen Knappen: die Burgruine Reichenstein.

seinen Leuten als „Austrobolschewiken“ angesehen wurden. Sein Ideal war der faschistische Staat, wenngleich Starhemberg, der als labil und wenig beständig galt, nicht in der Lage war, konkrete Vorstellungen zu entwickeln, wie dieser aussehen sollte. Interessanterweise wurde er, der in früher Jugend von Hitler begeistert gewesen war, später dessen scharfer Gegner, und bereits 1933 prangerte er in einer öffentlichen Rede das nationalsozialistische Regime an, dass es „Leute zu Tode schindet, weil sie als Kinder einer anderen Rasse zur Welt gekommen sind“. Er strebte keineswegs für sich selber die Macht an, und der spätere Unterrichtsminister Heinrich Drimmel wunderte sich, dass er „im Gegensatz zu jenen Typen, für die das Politisieren immer auch einen Teil ihres höchstpersönlichen Erwerbslebens bedeutet“, für seine Ideen das Vermögen einsetzte und es prompt verlor. Er überstand die Zeit des Nationalsozialismus durch einen glücklichen Zufall, weil er sich zur Zeit des „Anschlusses“ gerade im Ausland aufhielt, und starb 1956, als er sich in Schruns in Vorarlberg auf Kur befand und dort von einem zudringlichen Journalisten belästigt wurde. Er erhob den Spazierstock gegen den Mann und fiel in der Aufregung tot zu Boden.

Die prachtvolle Renaissance-Grabarchitektur für Christoph Haym, den Burgherrn von Reichenstein.

Ritter Haym und der Bauer Gaisrucker

Die Burgruinen des Mühlviertels liegen mitunter einsam und weitab von den Siedlungen. Man erreicht sie über wenig befahrene Straßen, und es erhebt sich die Frage, was ein Wehrbau an so entlegener Stelle wohl für einen strategischen Wert haben sollte. Aber damals, als diese Burgen angelegt wurden, waren die Verhältnisse wohl anders, das Land nördlich der Donau musste erst richtig urbar gemacht und besiedelt werden. Auch zur Burgruine Reichenstein fährt man durch einen langen, wenig bewohnten Talgrund, und aus dem Wald steigt dann mit einem Mal der ausgedehnte Bau empor.

In solch einsamer Gegend unter Buchen und Fichten kann, wer will, besser von edlen Rittern, von schönen Burgfräulein und von getreuen Knappen träumen als dort, wo die Besiedlung dichter ist.

Die Sage hilft bei solchen Gedanken. Sie berichtet, wie der Burgherr von Reichenstein, ein gewisser Christoph Haym, auf einem Kriegszug in türkische Gefangenschaft geriet, während sich seine treue Gattin daheim verzweifelt die Augen aus-

Spätbarocke Pracht: Der Münchner Theatermaler Josef Damian Stuber schuf die mythologischen Darstellungen und Genrebilder im Stiegenhaus von Schloss Zell an der Pram.

weinte. Als sie Näheres von seinem Schicksal erkundet hatte, machte sie sich, als Sänger verkleidet, auf den Weg zum Sultan, wurde tatsächlich vor diesen geführt und konnte ihn und den Hof mit einem Gesangvortrag in hohe Begeisterung versetzen. Der Fürst war so hingerissen, dass er dem Barden einen Wunsch freistellte. Dieser bat um die Freilassung des Ritters von Reichenstein und erhielt sie zugesagt. Die Sage legt dann, um die Rührung komplett zu machen, noch eins drauf: Als der Ritter glücklich heimkam, meinte er, er wäre erst glücklich, wenn er wüsste, wem er seine Freiheit verdanke. Da legte der Sänger seine Verkleidung ab, und alsbald stürzten sich die Ehegatten schluchzend in die Arme.

Die schöne Geschichte ist weder glaubhaft noch sonderlich originell. Sie wird in verschiedenen Heldenbüchern erzählt, und die Erzählung vom Sänger Blondel sowie die Handlung der Oper

Von Mauer umgebene Burg Gottes: die Filialkirche Altenburg, geweiht dem heiligen Bartholomäus.
Folgende Doppelseite: Adelsstolz bis in den Tod: das Wappen der Prager und lebensgroße Figuren der Namenspatrone in der 1512 errichteten Gruft der Prager von Pragthal in der Annenkapelle, Filialkirche Altenburg.

Fidelio gehören ja auch irgendwie in dieses Genre. Den Christoph Haym hat es aber tatsächlich auf Reichenstein gegeben, nur handelt es sich um keinen edlen Ritter sondern um einen Bauernschinder erster Ordnung. Er stammte aus der Steiermark, war ein alter Haudegen und hatte auf den verschiedensten Kriegsschauplätzen in Europa für seinen Kaiser gekämpft. Auf die alten Tage hatte er 1567 die Herrschaft Reichenstein erworben und gedachte, die alte Burg zeitgemäß auszubauen und zu gestalten. Da mussten nun die ihm untertänigen Bauern herhalten, sie wurden streng in die Pflicht genommen mit hohen Abgaben, sowie mit schweren Arbeitsleistungen, Robot genannt, belastet. Die gepeinigten Landleute wendeten sich an den Landeshauptmann und erbaten Hilfe gegen solche Ungerechtigkeit. Aus Linz kam aber nur die Mahnung, dem Herrn Haym den schuldigen Gehorsam entgegenzubringen. Robot sei nun

einmal das Los der Untertanen, daher sollten sie *Rottierungen,* also Zusammenrottung und Aufruhr, unterlassen, sonst hätten sie schwere Strafen zu befürchten. Christoph Haym, der kaiserliche Kammerrat und Oberstallmeister, hatte somit, wen wundert es, Oberwasser. Er verlangte noch zusätzliche Arbeitsleistungen, bis die Untertanen endgültig rabiat wurden. Sie *rottierten* unter Führung eines gewissen Sigmund Gaisrucker, wollten die Burg stürmen, begnügten sich aber dann damit, zwei Meierhöfe der Reichenbergischen Herrschaft in Brand zu stecken. Dadurch eskalierte der Streit weiter, und da von der Obrigkeit im besten Fall nur Ermahnungen, im schlechteren Fall aber ernstliche Drohungen zu hören waren, erschoss der erbitterte Gaisrucker am 6. Juli 1571 den Ritter Christoph Haym aus dem Hinterhalt. Die Spur des Täters verlor sich im Untergrund, gefasst wurde er nie.

Wie der Heimatforscher Lorenz Hirsch aus Pregarten vermutet, waren dem Adel der Hergang und der Ausgang der Sache peinlich. Infolgedessen wurde in späteren Jahren eine Sage fabriziert, welche den tödlichen Schuss auf eine tragische Verwicklung zurückführte und den Grundherren in ein günstigeres Licht rückte. Es wurde erzählt, Haym habe mit großem Pomp die Grundsteinlegung seines neuen Schlosses gefeiert. Kurz darauf vermisste Sigmund Gaisrucker seinen zweijährigen Sohn und vermutete, dieser sei oben im Schloss als „Bauopfer" in den Grundstein eingemauert worden, um nach altem Aberglauben dem Werk ein gutes Gelingen zu sichern. Aus verständlicher Wut habe daraufhin der Bauer aus dem Hinterhalt den Haym niedergeschossen. Da man nicht wusste, wer der Täter war, wurde ein Reitknecht verdächtigt, Beim Kornschnitt aber fand man die Leiche des Buben. Der war im Spiel in das Getreidefeld geraten und hatte nicht mehr herausgefunden. Am Totenbett gestand der Täter den Mord, der Reitknecht aber wurde mit hohen Ehren rehabilitiert.

Den unterdrückten Bauern half die Bluttat, wie immer sie sich zugetragen hat, nicht viel. Der Sohn des Christoph Haym war um nichts besser als der Vater. Das prächtige Schloss, für das sich das Volk schinden und plagen musste, ist verfallen und zeigt nur noch wenige Rudimente der einstigen Pracht. In der Kapelle aber tritt dem Besucher düster und drohend, fast geisterhaft, der alte Haym persönlich in einer überlebensgroßen Statue entgegen.

22.224 „Bekehrte" und doch kein Glück

Rund siebzig Jahre nach diesem erwarb sich wieder ein Zugewanderter eine Mühlviertler Burg. Er hieß Doktor Joachim Enzmilner, und sein Job war es, die Glaubenseinheit im Lande herzustellen, das heißt, anders gesagt, er sollte mit aller Härte die Lutherischen katholisch machen. Zu dieser Zeit gab es kaum noch aufmüpfige Bauern, sie waren niedergeworfen worden und wurden, so wie das übrige Volk vor die Alternative gestellt, entweder ihren evangelischen Glauben aufzugeben oder auszuwandern. Enzmilner, der aus Schwaben stammte, war für diese Aufgabe vortrefflich geeignet. Von klein auf bis zu seinen Universitätsjahren in Jesuitenschulen indoktriniert, wurde er später Sekretär bei den Ständen im Lande ob der Enns, und bald berief der Kaiser den fleißigen und geschickten Juristen in die Reformationskommission. Dieser brachte es in der Folge bis zum Generalkommissär für die Gegenreformation in Niederösterreich. Im abschließenden Bericht über seine Tätigkeit meldete er in beflissener Gründlichkeit die Bekehrung von insgesamt 22.224 Personen. Wie viele Personen unter dem Druck der Kommission und ihrer Dragoner die Heimat verließen, hat er nicht registriert. Auf der Inschrift seines Grabmals vermerkte er jedenfalls mit Genugtuung, er habe *die verfluchte Ketzerei in Niederösterreich ausgerottet.*

Diese Tätigkeit sowie die Gunsterweise, die der Glaubenskämpfer von den Obrigkeiten erfuhr, kamen seinen finanziellen Verhältnissen in außerordentlich hohem Maß zugute. Weil eine große Anzahl von Adeligen im Protestantismus verharrte, wurden ihre Güter eingezogen, und ein findiger Mensch wie Enzmilner brauchte nicht viel Bemühung, um sie an sich zu bringen. Er konnte sich mehrere Häuser und Grundstücke in Wien und Linz leisten, erwarb diverse Herrschaften in Ober- und Niederösterreich und verfügte über eine Anzahl von Schlössern. Das schönste und größte davon erbaute er in Windhaag in der Nähe von Perg.

Dort befand sich in einem Graben eine alte Burg, ein eher schlichtes gotisches Gemäuer. Davor legte nun der neue Besitzer sein Schloss an, das man bald als den prachtvollsten Bau im Lande rühmte. Stuckdecken und kostbares Mobiliar gehörten damals ohnehin zum Standard, aber in Windhaag gab es darüber hinaus eine Bibliothek mit 22.000 Bänden, eine Kunst- und Wunderkammer mit zahlreichen Gemälden, allerlei Raritäten wie einem ausgestopften Krokodil und einem Stuhl, der aus Elefantenknochen verfertigt war, sowie einer Münzensammlung, die rund 20.000 Exemplare umfasste. Eine Apotheke mit dazugehörigem Laboratorium war mit den Büsten berühmter Ärzte geziert. Der besondere Stolz des neureichen Hausherren war der weitläufige Garten, der sogar einen Schildkrötenteich aufwies. Ein großer Meierhof und zehn Fischgewässer sorgten ausreichend für die Tafelgenüsse.

Ein findiger Kopf, der sich fromm und bieder gab: Reichsgraf Doktor Joachim Enzmilner, der Herr auf Schloss Windhaag.

Im Übrigen aber gab sich der Doktor Enzmilner, der später in den Stand eines Reichsgrafen erhoben wurde, fromm und bieder. Er hörte täglich die Messe, betete auf Reisen laut den Rosenkranz und stiftete im nahen Münzbach ein Kloster der Dominikaner. Einem Diener, dem während eines Gebetes ein Lachen auskam, gab er sogleich eine Ohrfeige und verließ voller Unwillen den Raum.

Mit all seinem protzigen Reichtum dachte der Reichsgraf wohl auch an seinen Nachruhm und an das Wohlsein seines Stammes. Aber manchmal ist das Sprichwort „Unrecht Gut gedeiht nicht“ wohl doch zutreffend, das beweist das Schicksal Joachim Enzmilners. Fünfzehn Kinder hatte ihm seine Frau geboren, für Nachkommenschaft schien also genugsam gesorgt. Es überlebte aber nur eine einzige Tochter, die reichlich merkwürdige Eva Magdalena. Als diese den Wunsch äußerte, ins Kloster zu gehen, lehnte der doch so fromme Vater dies ab, sodass sie zu den Dominikanerinnen nach Tulln flüchtete und dort, noch nicht zwanzig Jahre alt, die ewigen Gelübde ablegte. Erst nach achtzehn Jahren kam sie nach Windhaag zurück, der Vater versprach, für sie ein Nonnenkloster zu gründen, und stellte dafür die alte Burg zur Verfügung. Allzu ersprießlich dürfte das Verhältnis der beiden nicht gewesen sein, denn als die bigotte Tochter sich entschloss, kein Fleisch mehr zu essen, regte das den Alten so auf, dass er einen Schlaganfall erlitt und 1678 verstarb.

Nun hatte die Nonne freie Hand. Sie ließ alsbald das wunderbare Schloss bis auf den letzten Stein demolieren und die Gärten restlos vernichten, sodass rein gar nichts mehr davon übrig ist. Windhaag bei Perg verlor dadurch seine einzigartige Attraktion, die eine Sehenswürdigkeit von Rang gebildet hätte. Hingegen ist das, was die Grafentochter hinterließ, höchst dürftig, eine künstlerisch gesehen ziemlich langweilige Kirche und ein paar schmucklose Gebäude, die Reste des Nonnenklosters, das sie nach dem Tod ihres Vaters erbaute. Das wirtschaftliche Talent hatte sie von diesem ohnehin nicht geerbt, denn die geistliche Institution geriet trotz der vielen Verkäufe noch zu ihren Lebzeiten in Schulden, erholte sich nie mehr und wurde schließlich unter Kaiser Joseph II. sang- und klanglos aufgehoben.

Die baulichen Aktivitäten eines Christoph Haym und eines Joachim Enzmilner zeigen, dass es ab dem 16. Jahrhundert nicht mehr schick war, in einer Burg zu hausen, sondern dass man bequemere und repräsentablere Wohnmöglichkeiten suchte, und so entstanden allmählich dort und da im Lande anmutige, freundliche Schlösser. Erwähnt seien Hohenbrunn, das vom Stift St. Florian zum Zweck der Erholung von Propst und Mönchen errichtet wurde, oder die Wasserschlösser Aistersheim und Würting, bei denen das umgebende nasse Element die Wirkung des adeligen Bauwerkes steigert. Ein Wasserschloss ist auch Aurolzmünster, als stolze Sommerresidenz für einen bayrischen Höfling erbaut und gelegentlich wegen seiner architektonischen Pracht das „Versailles des Innviertels“ genannt. Im Festsaal zeigt das Deckengemälde, wie der Vater des Bauherrn, ein gewisser Herr von Wahl, in den Olymp aufgenommen wird, ein veritables Beispiel herrschaftlichen Größenwahns. Solche Selbstüberschätzung und Großtuerei blieben mit dem Schloss Aurolzmünster verbunden, als in der ersten Hälfte des 20. Jahrhunderts der Besitzer Carl Schappeller hieß.

Der Magier von Aurolzmünster

Dieser Schlossherr wurde 1875 im Armenhaus des Ortes geboren, seine Mutter verschaffte sich das Nötige zum Leben, indem sie dörfliche Veranstaltungen von Haus zu Haus „ansagte“ und bei der Aufbahrung von Leichen mithalf. Ihr Sohn absolvierte eine Tischlerlehre, bewarb sich dann um eine Stelle bei der Post und brachte es bis zum Chef des Postamtes von Attnang. Mit 44 Jahren wurde er entlassen, die einen sagen wegen attestierter Geisteskrankheit, andere führen es auf Unregelmäßigkeiten im Dienst zurück. Damit begann aber erst seine große Zeit.

Physik hatte ihn schon immer interessiert, und so hatte der Postmeister die Ansicht entwickelt, es gebe eine alles durchdringende „Raumkraft“, bei welcher der Mensch nur zugreifen müsse, um sich mit billiger Energie zu versorgen. Nütze man sie, dann könne man jeden Kraftverbrauch automatisch durch Erdmagnetismus ergänzen, unabhängig von Kraftwerken. Energiezentralen. im Abstand von zehn Kilometern über das Land verteilt, könnten durch ihre starke Strahlung die Witterung beeinflussen und Naturkatastrophen verhindern. „Ohne kostspielige Armaturen könnten in Zukunft elektrische Lokomotiven und Automobile hergestellt werden und durch denkbar billigste Art – durch Gewinnung elektrischer Energie aus Wasser – betrieben werden.“ Mit markigen Sätzen, die uns heute gar nicht so abwegig erscheinen, unterstrich Schappeller seine Erkenntnisse, etwa wenn er sagte: „Dienst du der Natur, dann dient sie dir“, oder wenn er darauf hinwies, bei der derzeitigen

Vorgangsweise seien enorme Energieverluste, selbstmörderische Ausbeutung der Rohstoffe und katastrophale Umweltschäden die unvermeidbare Folge.

Leider hielt die Praxis des „Hexers vom konstanten Blitz" nicht, was seine grandiosen Ankündigungen versprachen. Er konstruierte eine „Urmaschine", die aber weiter nichts Besonderes lieferte. Den Schriftsteller René Freund, der in seinem Buch *Land der Träumer* eine vortreffliche Charakteristik Schappellers lieferte, erinnerte sie „an die Basteltr äume eines begabten Kindes". Der international bekannte Physikprofessor Hans Thirring sprach von „Bierschwefel". Von einem Besuch in Aurolzmünster berichtete er: „Das Anhören des unsinnigen Geschwätzes wurde mir schließlich unleidlich und ich empfahl mich." Immerhin aber faszinierte Schappeller etliche nicht unbegabte Techniker, und ein letzter Hauch des Geheimnisvollen umgibt seine Figur noch immer, weil seine Pläne, Maschinen und Aufzeichnungen zumeist verloren gingen – „soferne es diese überhaupt gab", wie Bernhard Iglhauser, der sich eingehend mit dieser Figur beschäftigt hat, skeptisch hinzufügt.

Der „Herrscher der Traumkraft": Carl Schappeller, Schlossherr in Aurolzmünster und faszinierender Scharlatan.

Alles in allem hält man Schappeller heute für einen Scharlatan. In den Zwanziger Jahren des vorigen Jahrhunderts aber nahm eine ganze Menge Leute begierig seine Ideen auf, zumal er über eine immense Überzeugungskraft verfügte. „In einer Zeit", schreibt Freund, „wo jedermann ahnte, dass große Entdeckungen bevorstünden, aber noch keiner genau wusste, welche Form sie annehmen würden, schien es gar nicht so abwegig, einem engagierten, von sich selbst überzeugten und vor allem charismatischen Hobbyforscher sein Vertrauen und sein Geld zu schenken." Mehrere hoch angesehene Leute, darunter ein Domherr und Bundesrat aus Salzburg sowie ein Innsbrucker Prälat, gründeten eine Gesellschaft und ermöglichten dem ehemaligen Armenhäusler den Ankauf des Schlosses Aurolzmünster, damit er dort die „Weltkraftzentrale" etabliere. Der große Erfinder hatte ihnen erklärt, welch gigantische Auswirkungen seine Erkenntnisse für die Menschen haben werden; der Staat, der sie verwirklicht, werde allen anderen weit überlegen sein, und es müsse unbedingt verhindert werden, dass Österreich da ins Hintertreffen gerate. Begeistert schrieb der erwähnte Domherr, ein gewisser Daniel Etter: „In erster Linie müssen diese genialen Erfindungen das Fundament bilden für die Aufrichtung eines sozialen Staa-

Schloss Aurolzmünster. Carl Schappeller wollte hier seine „Weltkraftzentrale" etablieren.

tes, der ohne Revolution den heute bestehenden samt der veralteten Wirtschaftsform aufsaugen wird."
Noch höher stieg das Prestige des einstigen Postbediensteten, als sich der ehemalige deutsche Kaiser Wilhelm II. für seine Ideen interessierte. Bald stand eine Luxuslimousine Marke Studebaker vor dem Schloss, gesponsert von der abgedankten Majestät. Auch sonst konnte Schappeller damals dank üppig fließender Spenden aus dem Vollen schöpfen und mit Geld nur so um sich werfen. Dann aber ging es bergab. Vernichtende Äußerungen anerkannter Fachleute stoppten die Geldflüsse, es folgten Exekutionen, aber wie ein Stehaufmännchen konnte der *Herrscher der Traumkraft* immer wieder Gönner auftreiben und sich über Wasser halten, bis er 1932 seinen nächsten großer Gag landete: Angeregt durch die Überlieferung, in Aurolzmünster habe einst eine große Hunnenschlacht stattgefunden, und beflügelt durch die Aktivitäten des Rutengängers Alois Binderberger, der im Bereich des Schlosses eine dermaßen starke Strahlung feststellte, dass er halb ohnmächtig zu Boden sank, verkündete Schappeller die Erkenntnis, hier sei das Grab Attilas, des Hunnenkönigs, zu suchen, das unermessliche Schätze enthalte. Die Gedanken sprudelten nur so; der Ortsname habe mit dem lateinischen *aurum,* das heißt „Gold", zu tun, eine unterirdische Tempelstadt sei zu vermuten, in deren weiten Hallen sich trapezförmige Baldachine aus Gold erheben. Allen Geldgebern versprach der Schatzsucher eine Rendite von dreihundert Prozent, sodass neuerlich viel Kapital nach Aurolzmünster floss, das genauso wenig jemals zurückgezahlt wurde wie das in die „Urmaschine" gesteckte. Schappeller hatte aber noch einen Trumpf, seine etwa dreißigjährige Tochter Anna, „Anschy" genannt, eine ätherische Person, die ständig mit einem Teddybären herumlief, mit den Toten redete und flötenspielende Astralzwerge im Schlosshof sichtete. „Wer ein solches Zauberwesen unter seinem Dach beherbergt, kann kein Schwindler sein", behauptete der Vater.
Nachdem das weitläufige Gelände komplett und ergebnislos umgegraben worden war, wurde es allmählich still um Carl Schapeller. Die meisten Betrogenen schwiegen aus Scham, nur der Innviertler Kunstmaler Aloys Wach schwang sich zu einer bitterbösen Abrechnung auf, indem er dem großen Blender vorwarf: „Stets entwischen Sie in einem Redeschwall. Wie ein Tintenfisch trüben Sie die Atmosphäre", und ihn als eine „Spottgeburt aus Größenwahn und Fresslust" bezeichnete. 1947 starb der Magier von Aurolzmünster inmitten des von ihm angerichteten finanziellen Chaos. Auf dem örtlichen Friedhof ist *Carl Schappeller, privat, Physiker und Schlossbesitzer* begraben, zusammen mit seiner Ehefrau Anna *Schlossbesitzersgattin* und der Tochter *Anschy.* Die Grabinschrift aber lässt noch einmal die fatale und ungebrochene Selbsteinschätzung des Mannes erkennen, mit der er so viele Menschen um ihr Vermögen gebracht hat. Der Spruch lautet: „Selig sind, die um der Gerechtigkeit willen verfolgt werden, denn ihrer ist das Himmelreich."

Die Stifte mit ihrer reichen Geschichte

Der König ist gestürzt, im wahrsten Sinn des Wortes. Ausgestreckt, flach und lang, liegt er am Boden, die Krone fällt ihm vom Kopf. Die Weltkugel, das Symbol seiner Herrschaft, ist von ihm fort in eine Ecke gerollt. Und was das Schlimmste ist: Über ihm tut sich das Bild dessen auf, der seine Herrschaft übernehmen wird. Er wird von ihm Rechenschaft über die bisherige Verwaltung fordern. Zu Tode entsetzt, hält der gefallene König die Hand vor die Augen.

Es ist Herodes, der hier, in einem mehr als neunhundert Jahre alten Fresko im Stift Lambach, wiedergegeben ist, jener Tyrann, der zur Zeit, als Christus geboren wurde, über Judäa herrschte. Die Weisen aus dem Morgenland, die den Stern gesehen hatten, waren zu ihm gekommen und hatten sich nach dem neugeborenen König der Juden erkundigt. „Da erschrak Herodes", heißt es im Bericht des Evangeliums, „und ganz Jerusalem mit ihm." Die Szene des Erschreckens ist hier in drastischer Weise dargestellt. Es wird mit einem Mal klar, dass ein anderer kommen und ihn ablösen wird. In Wahrheit geht es nicht um den Despoten aus dem Evangelium, dessen verdientes Schicksal auf dem Bild geschildert wird, sondern um einen Herrscher der damaligen Zeit, der sich angemaßt hatte, mit Papst und Kirche Streit zu beginnen, um Heinrich IV., König des Deutschen Reiches. Seine Vorgänger hatten in Einvernehmen mit dem Papst gelebt, Kirche und Reich waren eine harmonische Einheit gewesen. Die Kaiser hatten freilich die Bischöfe und häufig sogar die Päpste nach ihrem Ermessen eingesetzt, die kirchlichen Ämter waren mitunter käuflich geworden, Zustände, welche der Papst in Rom nicht mehr dulden wollte. Die Einheit zerbrach, ein ländergreifender Kampf setzte ein, der Investiturstreit, den man als den „Weltkrieg des Mittelalters" bezeichnet hat. Die Christenheit, aufs Äußerste verwirrt, spaltete sich in zwei Lager, in ein papsthöriges und in ein kaisertreues.

Gegründet 1056 vom heiligen Adalbero, dem Letzten seines Geschlechts: das Benediktinerstift Lambach.

Linke Seite: Die große Sensation von Lambach: die romanischen Fresken im Westchor der Stiftskirche.

Ein Bischof gegen den Kaiser

Was hat das alles mit Lambach zu tun? Das Kloster, ein typisch österreichisches Barockstift, wenngleich keines der prächtigsten und berühmtesten, aber doch ein besonders geschichtsträchtiges, lag weitab vom Zentrum des Geschehens, in einer entlegenen östlichen Provinz des Reiches. Seine Lage markiert gewissermaßen die geographische Mitte von Oberösterreich, hier ist aber auch die Keimzelle des Landes zu suchen, denn hier erhob sich einst die Stammburg der Grafen von Wels – Lambach –, die am Anfang der Geschichte des heutigen Bundeslandes stehen. Es war ein kurzlebiges Geschlecht, denn schon in der dritten uns bekannten Generation wurde es von einer

Seit karolingischer Zeit ein Kloster: das Augustiner-Chorherrenstift St. Florian. Der Legende nach wurde die Kirche des Klosters über dem Grab des heiligen Florian erbaut.

schlimmen Katastrophe heimgesucht: Im Jahr 1050 kamen beinahe alle seine Mitglieder auf einmal ums Leben, vermutlich durch Feindeshand. Näheres darüber, wie sich das zutrug, wissen wir nicht. Übrig blieb nur ein Sohn, und der kam für die Zeugung von Nachkommenschaft nicht in Frage, denn er war geistlichen Standes und bereits fünf Jahre zuvor zum Bischof von Würzburg ernannt worden. Sein Name war Adalbero. Als der Letzte seines Geschlechtes verfügte er im Jahr 1056, dass die heimatliche Burg ein Kloster werden solle.

Klostergründen, Kirchenreform, das waren Adalberos Leidenschaften. Allerdings ist er nicht im erwünschten Maß dazu gekommen, denn 1076 brach der Konflikt zwischen den großen Gewalten aus, und der Bischof von Würzburg stand eisern auf der Seite des Papstes. Das führte dazu, dass er aus seiner Stadt ausgeschlossen wurde, die Bürger ließen ihn, als er mit dem neu gewählten Gegenkönig einziehen wollte, nicht hinein, sie waren kaisertreu geblieben. Neun Jahre lang musste er im Exil verbringen und zuschauen, wie in Würzburg ein vom Kaiser ernannter Gegenbischof amtierte. Schließlich konnte ihm ein Heer der päpstlichen Partei wiederum den Einzug in seinen Bischofssitz verschaffen, aber bald war Kaiser Heinrich wieder da und besetzte die Stadt.

Adalbero war nun für immer verbannt und verbrachte seine letzten Jahre in Lambach.
Um jene Zeit ging man daran, eine stattliche Klosterkirche zu bauen. Es wurde, wie damals üblich, eine Anlage mit zwei Chören, das heißt: Dem Altarraum im Osten, in dem die Priester agierten, entsprach ein ähnlicher Raum im Westen, der für die weltliche Herrschaft gedacht war, das sogenannte Westwerk. Während die übrige Kirche zur Barockzeit umgebaut wurde, blieb dieses Westwerk durch einen glücklichen Zufall erhalten. Es wurde von den barocken Kirchtürmen überbaut und als deren Stütze wurden dicke Mauern eingezogen. 1956 entschloss man sich, diese Mauern zu entfernen, für die Türme eine andere Stützung zu suchen und damit den Westchor freizulegen, denn man wusste, dass er mit einzigartigen romanischen Fresken ausgestattet war. So steht der Besucher heute staunend in einem Raum, der sich weitgehend im originalen Zustand des 11. Jahrhunderts darbietet, lediglich die Öffnung zur Kirche ist vermauert und die Bilder sind nicht überall gleich gut erhalten.

Der Sarkophag Anton Bruckners in der Gruft unter dem Langhaus der Kirche, dahinter ein riesiger Stapel menschlicher Gebeine

Diese Bilder sind die Sensation des Stiftes Lambach. Sie zeigen einen majestätischen Christus, der in seiner Taufe von Gott als der Messias vorgestellt wird und der seine Sendung durch Wunder bekräftigt. Sie zeigen aber vor allem die Geschichte von den Drei Königen, die, durch einen Engel berufen, vor ihm erscheinen, ihm Geschenke darbringen und ihm huldigen, sie zeigen aber auch das Geschick des Königs Herodes, der sich dem Christuskind entgegengestellt hat. Neben seinem Sturz wird auch gezeigt, wie er die Würde eines Hohenpriesters gegen Geld verschachert und wie er aus Verzweiflung einen Selbstmordversuch mit einem Apfelmesser unternimmt. Es sei nicht verschwiegen, dass die Darstellung des königlichen Sturzes nicht immer in der anfangs geschilderten Weise gedeutet wird. Es gibt Wissenschafter, die sehen in dem gefallenen König nicht den „großen" Herodes, sondern einen seiner Nachfolger namens Herodes Agrippa. Dieser hatte in Jerusalem die allererste Christenverfolgung inszeniert, den Apostel Jakobus köpfen und den Apostel Petrus ins Gefängnis werfen lassen. Dann begab er sich nach dem biblischen Bericht in eine andere Stadt und ließ es sich gefallen, dass er dort wie ein Gott geehrt wurde. „Im selben Augenblick", so heißt es dann in der Apostelgeschichte, „schlug ihn ein Engel des Herrn, weil er nicht Gott die Ehre gegeben hatte. Von den Würmern zerfressen, starb er.“ Gleichgültig, welchen der beiden Herrscher man in der Szenerie erblickt, es wird jedenfalls drastisch das Ende eines bösen Machthabers geschildert, der es wagt, sich dem Messias entgegenzustellen. Das ganze Bildprogramm ist eine grandiose Propagandaveranstaltung der päpstlichen Partei, die damit zeigen will, dass Christus der wahre Herrscher ist und dass sich die Regenten der Welt ihm unterzuordnen haben. Auf diese Weise haben die Lambacher Fresken enorme kulturhistorische Bedeutung.

Der Wunderbrunnen von St. Florian

Auch in anderen oberösterreichischen Stiften tun sich spannende Perspektiven auf, wenn man in ihre historischen Ursprünge hinabsteigt. Es sind zwar meist sagenhafte Überlieferungen, welche die Entstehung des Klosters schildern, aber gerade solche Geschichten weisen oft instruktive Wege in die Denkart unserer Vorfahren und in die Verhältnisse ihrer Zeit. Eine davon befasst sich mit dem Urgrund des berühmten Stiftes St. Florian. Wir haben von dem Märtyrer dieses Namens gehört, dem pensionierten Kanzleichef der Statthalterei, der am 4. Mai des Jahres 304 in den reißenden Ennsfluss gestoßen wurde, weil er es gewagt hatte, sich als Christ zu bekennen. In Enns, am Ort des Geschehens, gibt es nur wenige Spuren des Heiligen, seine Verehrungsstätte liegt etwa zehn Kilometer weiter westlich im sanften Tal des Ipfbaches, in dem Stift, das seinen Namen trägt. Die Verbindung zwischen den beiden Orten stellt die Geschichte von der Witwe Valeria her. Es handelt sich um eine Erzählung von „weisenden Tieren“, wie wir sie von vielen Wallfahrtsorten kennen, um typisches, in ganz Europa, von der Bretagne bis in die syrische Wüste, verbreitetes Sagengut, dessen Ursprung eine eigene Untersuchung wert wäre. In St. Florian wird es folgendermaßen wiedergegeben:

Wohl ein altes Quellheiligtum: der legendäre Wunderbrunnen von St. Florian.

Der Ennsfluss wagte es nicht, den Leichnam des Blutzeugen fortzuschwemmen, er spülte ihn an einen aus dem Wasser ragenden Felsen, wo ihn ein Adler mit ausgespannten Flügeln bewachte. Eine Witwe namens Valeria erhielt im Traum die Weisung, ihn zu bergen. Sie solle ihn auf einen mit ungelernten Zugtieren bespannten Wagen legen und diese frei ziehen lassen. Dort, wo sie stehen blieben, solle sie ihn begraben. Sie tat so und holte den Leichnam. Auf dem Weg ermatteten die jungen Ochsen, und es sah aus, als verließen sie die Kräfte. Da entsprang eine Quelle, und von dem Wasser gestärkt,

Barockes Bücherparadies: der Bibliothekssaal von St. Florian, erbaut von 1744 bis 1750 von Gotthard Hayberger. Die reich intarsierten Regale wurden vom Tischler Johann Christian Jegg angefertigt.

marschierten sie weiter, bis sie an dem Ort stehen blieben, wo sich heute das Kloster erhebt. Dort wurde er begraben und wirkt Wunder bis auf den heutigen Tag. Wer diesen Bericht unbefangen zur Kenntnis nimmt, wird keinen Zweifel hegen, dass der heilige Florian in oder unter seinem Stift bestattet liegt. Tatsächlich ist aber nur die in der Sage erwähnte Quelle vorhanden, vom Grab des Märtyrers hingegen fehlt jede Spur. Der Verdacht, dass da etwas nicht stimmen kann, liegt auf der Hand. Das beginnt damit, dass die Bergung des Leichnams recht wenig wahrscheinlich ist. Wir wissen ja, dass die Verfolger ihre prominenten Opfer deswegen mit Vorliebe in Flüsse stürzten, damit es den Christen nicht möglich sei, ihre Leiber zu bergen und als Reliquien zu verehren. Die Enns ist in der Tat ein reißender Alpenfluss und führt speziell anfangs Mai, wenn der Schnee im Gebirge schmilzt, viel Wasser. Überdies hält sich die Sage von der Witwe Valeria, wie erwähnt, an das überlieferte Legendenmuster und gilt allgemein als eine Erfindung, die ungefähr im 8. Jahrhundert entstand.

Könnte es sein, dass St. Florian mit seinem Namenspatron ursprünglich gar nichts zu tun hatte, sondern dass es sich um eine vorchristliche Kultstätte handelte, die man im frühen Mittelalter dem neuen Glauben anpasste, indem man an dieser Stelle vielleicht anstatt einer Naturgottheit einen historischen Heiligen installierte, nämlich den in der Nähe getöteten Florian, dessen Andenken noch nicht völlig verblasst war? Im Stift und im Ort gibt es außer dem fehlenden Grab noch etliche andere Merkwürdigkeiten, die zu einer solchen Annahme passen könnten.

Baureste aus der Römerzeit fanden sich unter der Kirche. Man kann allerdings nicht sagen, ob es sich um ein Wohnhaus, ein Heiligtum oder ein Wirtschaftsgebäude handelte. In den Grüften, hinter dem Grab des Komponisten Anton Bruckner, liegt ein riesiger Stapel menschlicher Gebeine. Sie wurden entdeckt, als man die Grundfesten für das mittelalterliche Gotteshaus aushob, und hier aufgeschichtet, da man sie für die Überreste früher Christen hielt. Bis heute weiß man nicht, warum an dieser einst einsamen Stelle so viele Menschen begraben wurden. Und schließlich gibt es auch noch die legendäre Quelle, an der sich die Ochsen der Witwe stärkten. Sie entspringt unweit des Stiftes hinter der kleinen Johanneskirche im Ort. Eine barocke Balustrade fasst sie ein, eine Statue des heiligen Florian erhebt sich über ihr. Trotz solcher Zier ist der Wunderbrunnen heute ziemlich vergessen. Ein Bild des prominenten Malers Albrecht Altdorfer aus der Zeit um 1518 zeigt uns aber, wie es damals hier zuging: Von allen Seiten kommen die Leute, um das Wasser abzuholen, zu schöpfen oder an Ort und Stelle zu trinken, sodass ein regelrechtes Gedränge entsteht, in das ein Priester Ordnung bringen muss. Sogar in Fässern führt man das heilsame Nass weg, und man kann wohl vermuten, dass es sich bei der Quelle um ein uraltes Heiligtum handelt, vielleicht mit einem noch höheren Alter, als es das Stift St. Florian aufweist.

Ein Herzog verliert sein Reich

In Kremsmünster liegen historisch beweisbare Wahrheit und Sage nebeneinander. Wie in Lambach begegnen wir auch hier der Weltgeschichte. Sie berichtet von Herzog Tassilo III., der im 8. Jahrhundert Bayern regierte. Er hatte es nicht leicht. Im eigenen Land gab es eine rege Opposition, und der Zeitgenosse Karl der Große suchte mit allen Mitteln, Bayern seinem Frankenreich einzuverleiben. Folgerichtig bemühte sich Tassilo, seinen Herrschaftsbereich in das noch wenig organisierte Land der Slawen vorzuschieben, ins heutige Kärnten und nach Oberösterreich. Weit im Osten gründete er ein großes Kloster, das eine mächtige Stütze seiner Herrschaft bilden sollte, das Münster an der Krems.

Die Sage berichtet, er habe sich in Lorch oder Enns aufgehalten, als sein Sohn Gunther zu

Ein grandioser „Festsaal" für Fische: die von Arkaden umrahmten Fischbehälter in Kremsmünster, erbaut 1690–1692 von Carlo Antonio Carlone, später erweitert von Jakob Prandtauer.

einem Jagdausflug aufbrach. Dieser habe ein Wildschwein erlegt, doch habe ihm das tödlich verwundete Tier seine Hauer in die Seite gerammt, sodass er mitten im Wald verblutete. Als der Vater die Leiche entdeckte, habe er an Ort und Stelle die Anlage des Klosters beschlossen.

Die Wirklichkeit ist allerdings interessanter. Tassilo war nicht imstande, sich seines genialen Gegenspielers zu erwehren. 788 wurde er an einen Hoftag nach Ingelheim im Rheinland zitiert, wo ihm alte, längst verjährte und zudem recht fragwürdige Sünden vorgehalten wurden. In einem Schauprozess wurde er zum Tode verurteilt, dann aber zu lebenslanger Klosterhaft begnadigt. Kaiser Karl kassierte sein Reich, und bis heute bezeichnet das Jahr 788 für den heimatverbundenen Bayern das Ende der Freiheit seines Landes.

Tassilo muss geahnt haben, was ihm bevorstand. Er brachte zuvor seine wichtigsten Schätze nach Kremsmünster, vor allem den kostbaren Kelch, den er zur Hochzeit mit einer langobardischen Königstochter hatte anfertigen lassen, ferner aber nach Meinung verschiedener Wissenschafter auch sein Szepter. Im Kloster wurde dieses wichtigste

Opulente barocke Ummantelung eines spätromanisch-frühgotischen Kerns: die Westseite der Stiftskirche Kremsmünster mit der aus dem 19. Jahrhundert stammenden Orgel.

Merkmal der Herrschaft umgearbeitet in zwei Leuchter und so dem Zugriff der Franken entzogen. Ob tatsächlich diese „Tassiloleuchter" der umgeformte Herrschaftsstab des letzten freien Bayernherzogs sind, wird heute mehr und mehr bestritten, denn die Schäfte der Leuchter scheinen nicht so alt, dass sie in das Zeitalter des unglücklichen Fürsten zurückreichen könnten, aber der „Tassilokelch" ist unangefochten der größte und einzigartige Glanzpunkt des Klosters. Im ganzen deutschen Sprachraum und darüber hinaus entstand im 1. Jahrtausend nach Christus kein Kunstwerk, das sich mit dem Rang dieses Kelches vergleichen lässt. Formschön und prunkvoll steht er da, seine Oberfläche mit reichem Dekor und figuralem Bildschmuck kunstvoll durchgestaltet. In eindringlicher Weise führt dieser Christus und seine Heiligen vor, ergänzt durch die stolze Inschrift: *Tassilo starker Fürst, Liutbiga aus Königsgeschlechte.*

Der größte und einzigartige Glanzpunkt des Klosters Kremsmünster: der Tassilokelch, eine Stiftung des bayerischen Herzogspaars.

Was tut man, wenn man ein solches Stück von unbezahlbarem Wert im Hause hat? Man verwahrt es in einer einbruchssicheren Vitrine, man zeigt es gegen Entgelt den Besuchern und betrachtet es im Übrigen als museales Vermächtnis vergangener Zeiten. Nicht so in Kremsmünster – nach mehr als 1200 Jahren steht der Tassilokelch noch immer in Verwendung! Bei der Wahl eines neuen Abtes legen die Mönche ihre Stimmzettel in das Kultgefäß, in die mit Abstand exquisiteste Wahlurne der ganzen Welt. Er dient ferner am Gründonnerstag als Messkelch, ebenso am Stiftertag. An diesem wird er feierlich in die Kirche getragen und steht während der anschließenden Feier zusammen mit den beiden Leuchtern auf einem eigenen Tisch. Dieser Stiftertag, der 11. Dezember, der Tradition nach der Todestag des Herzogs Tassilo, vereinigt die Klostergemeinschaft im Gedenken an ihren vom Schicksal verfolgten Gründer. Es wird eine Totenmesse für den armen Bayernfürsten zelebriert, bei der die ganze Kirche schwarz ausgelegt ist, nachher wird im Festsaal die Stiftungsurkunde verlesen und schließlich wird zu einem festlichen Mahl gebeten. Was es dabei zu essen gibt? Natürlich Wildschweinbraten!

Wenn Tassilo seine Schätze dem entlegenen Kloster an der Krems zur Verwahrung gab, hat er sicher recht getan. Was sich nach seinem Sturz in seiner Residenz an Wertvollem fand, wurde nämlich als Beutekunst erachtet und nach Westen transferiert. Wir wissen das vom sogenannten „Psalterium von Montpellier", das in der Universitätsbücherei dieser südfranzösischen Stadt aufbewahrt wird. Es handelt sich um das Gebetbuch eines Mitgliedes der herzoglichen Familie, eine überaus kunstvoll ausgeführte Handschrift, die aus Mondsee stammt. Die Schreibstuben der oberösterreichischen Klöster schufen damals Spitzenwerke der Buchmalerei, darunter den *Codex Millenarius* in Kremsmünster, so genannt, weil ein römischer Prälat ausgerufen haben soll: „Das ist tatsächlich ein tausendjähriges Buch!" oder frei und vielleicht besser übersetzt: „Das ist ein Buch, wie es alle tausend Jahre nur einmal vorkommt!" Das ganze Mittelalter über entstanden in Mondsee, Kremsmünster, St. Florian, aber auch in den kleineren Stiften Bibeln, Evangelienbände und andere fromme Schriften von hohem künstlerischem Rang, die heute den Stolz der größten Büchertempel von Wien bis New York bilden.

Die Bibliothekssäle machen demnach neben den Kirchen die Kernstücke der Stifte und Klöster aus. Sie sind in der Regel in edlem Barockstil gehalten, mit vornehmen Fresken geschmückt und mit erlesenen Schränken ausgestattet. Barock, das ist eben auf allen Linien das große künstlerische Thema der heimischen Ordenshäuser. Nur selten trifft man in ihren Mauern auf Relikte aus dem Mittelalter, am ehesten im stillen Kloster Baumgartenberg, wo man die Außenseite gar nicht und das Innere nur in recht dünner Weise modernisierte, oder in Kremsmünster, wo ein sparsamer Konvent dort, wo die Gäste es nicht bemerkten, das alte Gemäuer ungeniert bestehen ließ.

Die Klöster in der Krise

Der barocke Prunk wird meist so gedeutet, dass es die Genugtuung über die Türkensiege war, die nicht nur den Habsburgerstaat, sondern auch die Kirche in Triumphgefühle ausbrechen ließ. Es war aber wohl mehr. Die kirchlichen Institutionen hatten im 16. und zu Anfang des 17. Jahrhunderts recht düstere Zeiten durchgemacht, die nun glücklich überwunden waren. Damals war die Lehre Martin Luthers ins Land gedrungen und hatte zunächst bewirkt, dass viele Mönche ihre Ordenshäuser verließen und der Nachwuchs ausblieb. Hatten noch um 1500 die meisten Klöster kraftvolle und tüchtige Vorsteher, so kamen jetzt mitunter Äbte und Pröpste ans Ruder, an die man sich selbst heute noch mit Schaudern erinnert. Der Abt von Kremsmünster soll 1558 gleich nach seiner Wahl öffentlich Hochzeit gehalten haben. Seine acht verbliebenen Mönche lebten zusammen mit sechs Frauen und elf Kindern. Der Abt von Wilhering griff sich die ihm anvertraute Kasse, ging damit nach Nürnberg und gründete dort mit dem Geld eine Familie. Eine Anzahl von Klöstern war nicht mehr in der Lage, Vorsteher zu wählen, weshalb ihnen Administratoren aufgezwungen wurden. Besonders schlimm erwischte es die Frauenorden, ihre Häuser wurden damals samt und sonders aufgelöst. In Traunkirchen wurde die Äbtissin als *ain ainfaltiges weib* beschrieben, *so zu aller Wirtschaft und Regierung gar khindisch*, mit anderen Worten: als ein Trampel. Sie ging ein Verhältnis mit dem Hofrichter ein, obwohl dieser verheiratet war, und wurde schließlich, um weiteres Übel zu verhindern, gefangen gesetzt.

Dazu kam die unangenehme Erkenntnis, dass die Hörigen ihre Untertanenpflichten nicht mehr ohne Weiteres akzeptierten. Bereits 1525, während des Salzburger Bauernaufstandes, wurden nach Mondsee keine Abgaben mehr geleistet. Hingegen musste das Kloster den Rebellen Geld und Lebensmittel zur Verfügung stellen und sich mit siebenhundert Gulden von einer Plünderung freikaufen. Im Mai 1626 erschienen ungefähr dreißigtausend Bauern vor dem Kloster Lambach und jagten dem Abt, er hieß Johannes VIII. Bimmel, einen gewaltigen Bammel ein. Während zunächst erklärt wurde, man werde weder der Abtei noch dem Markt Leid zufügen, drangen die Rebellen am nächsten Tag in das Stift, brachen alle Räume auf, wenn nötig mit Äxten, zerschlugen Truhen und Kästen und raubten „alles, was ihnen nur gefällig war", Geld, Textilien, Geschirr und vor allem Waffen. Nachdem sie abgezogen waren, forderten sie immer noch Verpflegung und Wein; alles wurde ihnen gewährt, nur um weitere Plünderungen zu verhindern. Ein paar Monate später verschanzten sich die Bauern auf den Anhöhen oberhalb des Ortes und begannen diesen zu beschießen. Dabei wurden siebzig Häuser zerstört. Kein Wunder, dass das Stift nach solchen Bedrängnissen auf lange Zeit finanziell recht desolat dastand und dass die Äbte das Regieren nicht mehr als reine Freude empfanden. Johannes Bimmel verzichtete auf seine Würde, sein Nachfolger dachte gar an Selbstmord. Erst der nächste Klosterchef brachte Ordnung in das zerrüttete Haus.

Er hieß Placidus Hieber und war ein typisches Produkt der gegenreformatorischen Zeit. Wie viele der damaligen Kirchenmänner stammte er aus dem immer katholisch gebliebenen Westen, aus Füssen im Allgäu, und wurde schon mit 25 Jahren zum Abt von Lambach gewählt. Sein ganzes Bestreben war es, aus dem Stift eine solide Bastion der katholischen Kirche zu machen. Sichtbarster Ausdruck davon war der Neubau der Stiftskirche. Nachdem er das Finanzielle geregelt hatte, ließ er das heute noch bestehende Gebäude ausführen und bemühte für die Ausstattung den damals führenden Maler Süddeutschlands, Joachim Sandrart aus Nürnberg. Es ist kein heiterer Raum geworden, er wirkt nobel und aristokratisch, aber auch (mit Ausnahme des später errichteten Hochaltares) streng und kühl, so wie es wohl dem Wesen des Abtes Placidus entsprach. Denn dieser hinterließ kein besonders sympathisches Bild in der Geschichte.

Ein Buch, „wie es alle tausend Jahre nur einmal vorkommt": der Codex Millenarius, um 800 im Skriptorium von Mondsee oder vielleicht auch in Kremsmünster selbst entstanden.

Seine Unduldsamkeit zeigte sich vor allem beim sogenannten „Wildenecker Bauernaufstand". Das war im Grunde genommen kein Aufstand, sondern ein Jahrzehnte dauernder Steuerstreik, in dem die Untertanen des Klosters Mondsee behaupteten, sie könnten die von der Obrigkeit vorgeschriebenen Gelder nicht bezahlen, weil ihre kargen Böden nicht den erforderlichen Ertrag liefern. Sie wurden bei ihrem Grundherren, bei der sonstigen Obrigkeit, ja selbst beim Kaiser vorstellig. Gelegentlich zeigte man Verständnis, versprach Nachlass der Steuerschulden, tat dann aber doch wieder nichts, schikanierte die Bauern mit der strafweisen Einquartierung von Soldaten und ließ immer wieder die Wortführer einsperren. Richtig unangenehm wurde die Sache aber erst, als der Abt von Mondsee, der mit der Sache nicht mehr zurechtkam, seinen Lambacher Kollegen Placidus Hieber einschaltete. Der erwies sich als richtiger Hardliner, für ihn waren die Steuerverweigerer nichts anderes als Rebellen und Aufrührer. Obwohl man schließlich die

Hochaltar und Chorgestühl in der Stiftskirche Schlägl. Die Prämonstratenser-Chorherren-Abtei im Mühlviertel wurde durch den legendären Chalhoch von Falkenstein 1218 gegründet.

Not der armen Leute einsah, die, wie sie sagten, nur *mit harter Mühe das Brot für ihr Maul gewinnen* konnten, und ihnen die ausständigen Steuern fast zur Gänze nachließ, kannte man wegen der gezeigten Aufsässigkeit keinen Pardon. Ungefähr achtzig Bauern wurden gefangen genommen und einer Kommission vorgeführt, in der natürlich auch Abt Placidus saß. Es wurde ihnen ihr Ungehorsam vorgehalten, mit dem sie samt und sonders ihr Leben verwirkt hatten. Da geschah etwas Unerwartetes: Der kaiserliche Landrichter vertrat die Auffassung, die Angeklagten hätten nur aus Irrung und Armut gehandelt, er könne außerdem in ihren Handlungen keine Rebellion erkennen. Da aber nun einmal die Hinrichtungen vorbereitet waren und sich die Kommission vor dem Volk keine Blöße geben wollte, wurden zwölf von ihnen zur Richtstatt geführt. Zwei wurden geköpft, bei den anderen tat man so, als ob es ebenfalls geschähe. Einer musste sogar sein Haupt mit entblößtem Hals auf den Block legen, dann erst wurde die Begnadigung verkündet. Sie wurden jedoch an die türkische Grenze verschickt, wo sie ihr Lebtag, zum Teil in Ketten, schwere Arbeit zu leisten hatten.

In seinem Kloster verhielt sich Placidus Hieber

nicht anders. Er wurde als harter und rauer Mann geschildert, der keinem Streit aus dem Weg ging. Bereits kurz nach der Abtwahl legte 1640 einer der Mönche, vielleicht aus Protest, Feuer im Stift, doch entstand kein weiterer Schaden. Am 9. September 1678 speiste der Prälat mit einigen seiner Mitbrüder zu Mittag; dabei gab es zum Dessert Apfelküchel. Anschließend wurde allen Beteiligten schlecht, der Abt starb drei Tage später. Es stellte sich heraus, dass der Pater Küchenmeister die Nachspeise mit vergiftetem Zucker bestreut hatte, in der eingestandenen Absicht, seinen Chef zu ermorden. Das Tatmotiv wurde nie bekanntgegeben, es hieß aber im Kloster, dieser Pater Ernest sei vom Abt in rüder Weise beanstandet worden, weil er am Brunnen gelegentlich mit einer Frau ein Schwätzchen gehalten habe.

Standesbewusste Klosterfürsten

In der 2. Hälfte des 17. Jahrhunderts hatte die Krisenzeit der Klöster allmählich ihr Ende gefunden. Die Untertanen waren ruhig gestellt und gut katholisch geworden. Die Äbte und Pröpste kamen nicht mehr als landfremder Import aus entfernten Gebieten, sondern aus der Umgebung des jeweiligen Hauses, häufig als Kinder kleiner Leute, sodass sie die Nöte des Volkes kannten. Der größte Bauherr in St. Florian, Propst Födermayr, war auf einem Bauernhof groß geworden, Abt Worath von Schlägl war der Sohn eines Bildschnitzers, also nach damaliger Auffassung eines Handwerkers, der Barockabt von Lambach, Maximilian Pagl, entstammte dem Milieu der Schiffleute von Stadl-Paura. Es handelte sich um wohlwollende, verständnisvolle Herren, die sich aber sehr wohl der Würde ihres Standes bewusst waren. Allein die großzügigen Bauten, die sie hinterließen, sprechen für ihr Bedürfnis nach Repräsentation.

Bei Stiften wie St. Florian, das den Kaisern auf ihren Reisen als Station diente, erklärt sich der Aufwand: Für den Hof war nur das Beste gut genug. Der Marmorsaal, in dem man dann tafelte, stand den Räumen in der Residenz um nichts nach, und wenn der Kaiser während des Essens seine Augen erhob, sah er auf dem kunstvollen Deckengemälde, wie der Siegesgott huldvoll auf die habsburgischen Länder blickt. Auf einer Fahne konnte er lesen, dass (ihm) ein Reich ohne Ende geschenkt sei, und auf einem weiteren Gemälde wird das Kriegsgerät verbrannt. Es wird nicht mehr benötigt, weil dank der habsburgischen Siege der Tempel des Mars geschlossen werden kann. Über den Fenstern zieht sodann der Kaiser im Triumph durch die Lande, und oberhalb des Kamins ist er noch einmal als sportlicher Reitersmann abgebildet. Wenn er sich zur Ruhe begab, war er in den Kaiserzimmern von ähnlichem Prunk und ähnlichen Allegorien umgeben, vor allem in einem üppig geschnitzten Bett, in dem er, umstellt von finster um sich blickenden Wächtern sowie von einem paukenschlagenden Engel und von gefesselten Türken seinen Schlaf suchen musste.

Der Marmorsaal von St. Florian ist der künstlerische Höhepunkt in der barocken Klosterlandschaft Oberösterreichs. Aber auch andere Stifte leisteten sich repräsentative Räumlichkeiten, auch wenn kein Kaiser jemals den Fuß über die Schwelle setzte. Dazu kommt manche Merkwürdigkeit, die eine Fahrt in die Klosterwelt des Landes so reizvoll macht. Kremsmünster etwa verfügt nicht nur über einen Festsaal für die erlauchten Besucher, sondern sozusagen auch über einen solchen für die Fische. Sie waren für den klösterlichen Speiseplan wichtig, denn an den vielen Fasttagen des Jahres war der Fleischgenuss, also das Verzehren von „vierfüßigen Tieren", verboten, weshalb man auf die Fische auswich, und das tat man offenbar nicht ungern. Die steinernen Figuren in den von Arkaden umrahmten Fischbassins – nicht weniger als 78 Säulen stützen sie – werden vom Wasser und den lebendigen Wassertieren umspielt, ein echt barocker Effekt. Gut zwanzig Jahre später legte

Kunstvolle Symphonie aus Marmor, Gold und illusionistischer Malerei: der Bernhardisaal im Zisterzienserstift Schlierbach, um 1700.

ein Abt ein Gartenhaus in Form eines orientalischen Gebäudes an, die so genannte „Moschee“, ein anderer erbaute das Hochhaus der „Sternwarte“, das heute von oben bis unten angefüllt ist mit naturkundlichem Sammelgut und Zeugnis davon gibt, wie intensiv sich die Klöster im Zeitalter der Aufklärung dem Studium der Naturwissenschaften hingaben.

Im Festsaal des Stiftes Schlierbach wurde an zentraler Stelle über dem Kamin das Brustbild eines Türken gemalt, der mit einer Pistole auf den Beschauer zielt. In Lambach hielt man sich hingegen einen lebendigen Türken. Er hieß Ali, war bei der Einnahme von Buda mit erobert und anschließend dem Abt von Lambach zum Geschenk gemacht worden. Er diente als Stallknecht und wohl auch als Kuriosität, sodass er sogar am Stiftsportal verewigt wurde, wo er das Wappen tragen muss. Er wirkt dort noch recht barbarisch, es wird aber berichtet, dass er sich später unter dem Namen Karl Lambacher taufen ließ, täglich den Rosenkranz betete und sogar noch die Ehe mit einer Einheimischen schloss. Dort und in anderen Ordenshäusern gab es übrigens eine Vorliebe für Gartenzwerge, freilich nicht für solche mit Zipfelmütze und weißem Bart, sondern für groteske Karikaturen, wie man sie etwa auch vom Zwerglgarten in Salzburg kennt.

Über solchen Extravaganzen vergaßen die Herren allerdings nicht den eigentlichen, den religiösen Aspekt ihrer Institutionen. Wenn gebaut wurde, kam zuerst das Gotteshaus dran, auf dessen Glanz man am meisten Wert legte. Als 1733 Stift Wilhering komplett abbrannte – ein Landstreicher hatte ein zwölfjähriges Mädchen angestiftet, Feuer zu legen –, wurde die neue Kirche mit derartig üppiger Pracht ausgestattet, dass schließlich nicht mehr genügend Geld vorhanden war, alle Klostertrakte auszuführen. Der Abt von Lambach errichtete der Dreifaltigkeit zu Ehren eines der merkwürdigsten aller Kirchengebäude. Um die katholische Lehre von der Trinität – „ein Gott in drei Personen“ – sinnfällig auszudrücken, gibt es dort alles in dreifacher Ausfertigung: drei Seiten, drei Eingänge, drei Altäre und so weiter, und alles fließt zusammen in der einen Kuppel, in der ein mächtiges Gemälde die Herrlichkeit des Himmels zum Ausdruck bringt.

Besonderer Wert wurde immer auf das Chorgebet gelegt, das geradezu das Kennzeichen dieser alten Orden bildet. Mehrmals am Tag versammeln sich die Mönche in der Kirche oder einem dafür bestimmten Andachtsraum zu Gebeten, Lesungen, Hymnen und Psalmengesang, Tag für Tag, Jahr für Jahr, und man sagt, dass es immer schon so war, seit das betreffende Kloster besteht, also in Kremsmünster seit mehr als 1200 Jahren. Selbst in der Zeit, als die Mönchsgemeinschaft von den Nationalsozialisten aufgelöst war, wurde am Chorgebet, so gut es ging, festgehalten. Dabei handelt es sich im Grunde immer um das Gleiche, vergleichbar der Meeresbrandung, die auch immer gleich verläuft, jeden Tag, jede Nacht, einmal stärker, einmal weniger stark. Und wie man der Meeresbrandung stundenlang lauschen kann, so lädt auch das Chorgebet mit seiner ausgeprägten Mystik zur Meditation ein. Wenn sich ein empfänglicher Mensch dem hingibt, wird er Sinn und Besinnung darin finden. Stoff für Betrachtung gibt es ja genug in den alten Klöstern, allein wenn man an die Wechselfälle ihrer Geschichte denkt. Die Mönche haben aber vor allem die Gegenwart und die Zukunft im Sinn, sei es in Wirtschaftsbetrieben, die mitunter einer ganzen Region Brot und Arbeit vermitteln, sei es in Schulen, die zu den angesehensten im Lande gehören, sei es in der Pflege von Kunst, Musik und Wissenschaft, sei es in Entwicklungshilfe und Seelsorge, also in der unmittelbaren Hilfe für die Menschen.

Die sogenannte Promenade liegt im südwestlichen Bereich vor der Altstadt von Linz. Hier verlief einst die Befestigung, welche das winzige Stadtgebiet umschloss, und nach dem Fall dieser Mauern wurde eine Anlage als Naherholungsgebiet der Bürger geschaffen. Heute präsentiert sie sich eher als staubiger Beserlpark, und nur die umliegenden Gebäude wie Landhaus und Theater geben ihr Ansehen und Würde. In einer Ecke steht eine Granitsäule, auf der in kleinen Figuren dargestellt wird, wie die Soldaten Christus mit Geißeln misshandeln.

Das ziemlich unscheinbare Denkzeichen soll daran erinnern, dass hier einmal einer vom Pferd geschossen wurde, und da dies der Anführer der Bauernkrieger, Stefan Fadinger, war, handelt es sich um ein Erinnerungsmal von hohem geschichtlichem Wert. Dass der Feind damals aus dem belagerten Linz heraus ihren Hauptmann abschießen konnte, kostete die Bauern entscheidenden Schwung in ihrem Aufstand, und mehr noch: Ein Mythos, der vielen Kämpfern Kraft und Zuversicht gegeben hatte, ging mit einem Mal verloren. Denn es ist überliefert, dass sich Stefan Fadinger für unverwundbar gehalten hat und dass viele Bauern das auch von sich geglaubt haben. Sie vertrauten auf ihre *Passauer Zettel*, das waren Papiere mit Zauberformeln, und auf einem zeitgenössischen Bild steckt tatsächlich ein solcher Zettel im Gürtel des Bauernobristen.

Erinnerung an ein Blutbad: das Bauernkriegsdenkmal im Emlinger Holz in der Nähe von Eferding.

Linke Seite: Der Auftakt zum großen oberösterreichischen Bauernkrieg: das Frankenburger Würfelspiel.

Stefan Fadinger und der Bauernkrieg

Wie sonst wäre es zu erklären, dass der Stefan Fadinger in geradezu provokanter Weise vor den Stadtmauern auf und ab ritt, ein leichtes Ziel für die Schützen oben auf den Wällen, noch dazu leicht kenntlich an seinem prangenden Aufzug. Dem bedrängten, in Linz eingeschlossenen Statthalter ging dieses Gehaben natürlich auf die Nerven, sodass er zweien seiner Soldaten den Auftrag gab, den Obersten der Feinde durch einen gezielten Schuss außer Gefecht zu setzen. Nachdem dies gelungen war, erhielten die Schützen, wie berichtet wird, ansehnliche Geldgeschenke.

Was hat die Bauern des Landes ob der Enns bewogen, sich auf einen Aufstand einzulassen, der von Haus aus riskant und wenig Erfolg versprechend erschien? Die Wissenschaft ist sich nicht einig darüber, ob soziale Gründe der Auslöser waren oder die einsetzende Unterdrückung ihres evangelischen Glaubens durch die sogenannte Gegenreformation. Genaue Untersuchungen haben ergeben, dass es der ländlichen Bevölkerung damals so schlecht nicht ging, sie profitierte von der Inflation und bekam relativ gute Preise für ihre Produkte. Freilich gibt es die Ansicht, bessere Zustände würden die Untertanen oft selbstbewusst machen und sie zu dem Versuch verleiten, alle Beschränkungen, denen

Links: Stefan Fadinger, der „Oberhauptmann" der aufständischen Bauern. Radierung von P. Coloman Felner.
Rechts: Der Stefan-Fadinger-Hof in St. Agatha, ein barocker Vierkanter. Statthalter Adam von Herberstorff hatte das Anwesen nach Fadingers Tod niederbrennen lassen.

sie unterworfen sind, abzustreifen. Denn Abgaben, Steuern und die Verpflichtung zu Dienstleistungen, Robot genannt, gab es damals immer noch genug, ja die Herrschaften pflegten die ihnen auferlegten Belastungen nach Möglichkeit auf die Landleute abzuwälzen. Früher hatte der Untertanenverband auf gegenseitigen Rechten und Pflichten bestanden: Die Herren leisteten den Kriegsdienst und garantierten den Untergebenen Schutz und Schirm, jetzt war das längst weggefallen, die Abgaben aber waren geblieben und wurden dazu verwendet, den Adeligen ein sorgenfreies Leben zu gewährleisten.

Ihren eigenen Äußerungen zufolge ging es den Bauern in erster Linie um ihren Glauben. Sie waren lutherisch geworden, aber die Zeit, in der sie lebten, war für ein solches Bekenntnis denkbar schlecht geeignet, denn Kaiser Ferdinand II., der 1619 zur Regierung gekommen war, kannte in Religionsdingen keinen Spaß. Vor der heiligen Muttergottes von Loreto hatte er versprochen, dass er in seinen Ländern keine andere Konfession als die katholische dulden werde, und er war fest entschlossen, das Gelübde mit allen Mitteln einzulösen. Im ersten Feldzug, den er führen musste, hatte er den Herzog Maximilian von Bayern um Truppenbeistand ersuchen müssen; der hatte ihm geholfen, jedoch war ihm zur Sicherstellung der Kriegskosten das Land ob der Enns verpfändet worden, sodass ab 1620 in Linz ein bayrischer Statthalter residierte und im ganzen Land sich eine bayrische Besatzung breit und unbeliebt machte.

Der Statthalter hieß Adam von Herberstorff, ein Steirer, der als Protestant geboren wurde und als solcher aufwuchs. Folgerichtig war er in den Hofdienst eines protestantischen Fürsten getreten. Als aber dieser starb und ein Katholik nachfolgte, wechselte der strebsame Mann sogleich die Religion und bemühte sich seither nach Kräften, dem Luthertum, wo es nur ging, kämpferisch entgegenzutreten. Durch solchen Eifer empfahl er sich dem Herzog von Bayern, der ihn als Machthaber in seinem Pfandbesitz zwischen Enns und Hausruck einsetzte.

Analphabet, aber ein Mann mit Charisma: Bauernführer Stefan Fadinger. Porträt im Oberösterreichischen Landesmuseum.

1624 erließ der Kaiser, dem die Landeshoheit über das verpfändete Gebiet verblieben war, ein erstes „Reformationspatent", mit dem er verfügte, alle protestantischen Prediger und Lehrer würden ausgewiesen. Das Land ob der Enns hatte schon die ganze Zeit über durch mannigfache Unruhen kundgetan, dass es mit den obrigkeitlichen Maßnahmen nicht einverstanden war, es galt in Wien als verrufenes *Nest des Unheils.* Nun regte sich da und dort offener Aufruhr, so auch in Frankenburg am Hausruck, als ein katholischer Pfarrer installiert werden sollte. Kaum jemand folgte dem neuen Geistlichen und dem Oberpfleger in die Kirche, die ganze Bevölkerung versammelte sich vor deren Tor und steigerte sich in wilde Tumulte hinein. Als der Amtmann herauskam, um Ruhe zu gebieten, musste er um sein Leben fürchten, er flüchtete in das Schloss, wo er von der wild gewordenen Menge förmlich belagert wurde. Erst als er mit Eid versprach, niemanden zu bestrafen und die evangelische Religion nicht mehr zu stören, ließ man ihn nach drei Tagen frei. Zuvor hatte der Statthalter ebenfalls Schonung zugesagt.

Das Schreckensgericht von Frankenburg

Entgegen der guten Worte kam es aber dann zu jenem Ereignis, das die Stimmung erst richtig anheizte und bis heute unvergessen blieb, dem Blutgericht von Frankenburg, gemeinhin „Frankenburger Würfelspiel" genannt. Herberstorff forderte die gesamte Bevölkerung auf, sich zu einem bestimmten Zeitpunkt ohne Waffen bei der Linde am Haushamer Feld einzufinden. Wer Gnade begehre, solle diese erhalten, hingegen sollten alle, die ausblieben, samt ihren Weibern und Kindern mit Feuer und Schwert gestraft werden. Im Vertrauen auf diese Worte fanden sich etliche tausend Leute ein, sie erwarteten, dass ihnen eine Standpauke gehalten werde und dass sie Abbitte leisten müssten. Tatsächlich aber wurden sie alsbald von Militär umstellt, und der Statthalter erklärte, die Honoratioren der aufständischen Orte hätten stellvertretend für alle anderen den todeswürdigen Aufruhr zu büßen. Er wolle jedoch Gnade walten lassen und der Hälfte von ihnen das Leben schenken. Daher müssten sie zu zweien würfeln; wer dabei unterliege, werde aufgehängt werden. So geschah es, nicht weniger als siebzehn Personen wurden ohne jedes Verfahren kurzerhand gehenkt, vier vor aller Augen an der Linde, die übrigen an den umliegenden Kirchtürmen. Ein paar Tage später nahm der Henker die Leichen ab, steckte sie auf Spieße und stellte sie an der Landstraße zur allgemeinen Abschreckung auf. Der Oberpfleger aber berichtete, bei den Untertanen zeige sich nun ein so schöner Gehorsam, dass man sich nur wundern könne. Zufrieden fügte er hinzu: *Und wird künftig die Obrigkeit viel ein besseres Hausen haben.*

Seine Einschätzung lag völlig daneben, es gärte im ganzen Land. Dazu trug noch ein neues Reformationspatent bei, in dem alle Bewohner aufgefordert wurden, ohne Verzug den katholischen Glauben zu bekennen. Sie sollten unter anderem „bei obrigkeitlicher Strafe“ dem Sonntagsgottesdienst von Anfang bis zum Ende beiwohnen, sich an den Fasttagen der Fleischspeisen enthalten und durch Bescheinigungen die abgelegte Beichte nachweisen. Wer sich dem nicht fügen wollte, hatte binnen eines halben Jahres das Land zu verlassen und von seinem

Zeitgenössische „Bildreportage“ vom Bauernaufstand: Die einzelnen Tafeln schildern den Gang der Kriegsereignisse in Enns, Linz, Wels und Geiersberg.

Land ob der Enns unter den rebellischen Bauern
Wir Wollen uns mit euch raüffen
Der Obrist Cobl sey schon ankhomben
Geispery Nün het uns der handel wider geschritten
Lambach
Schreit Mier sollen zurück zaüfen
Mier folgen und thetten alle darvon Laüffen
Gmünden
das Maül hat er Uns Voll anglogn

Vermögen eine beträchtliche Steuer abzuliefern. Überall herrschten daraufhin Wut, Verschwörung und Konspiration. Als Tag des Losschlagens wurde Pfingstsonntag, der 31. Mai 1626, bestimmt. Aber so lange ließ sich der Deckel auf dem brodelnden Kessel gar nicht mehr halten.

Bereits 14 Tage früher wurden in dem abgelegenen Wirtshaus zu Habach im Mühlkreis, an dem noch heute zu lesen steht: *Von da hat dá Baurnkriag sein Anfang g'nummá!,* sechs Besatzungssoldaten erschlagen. Daraufhin konnten die Bauern nicht mehr zurück, es blieb ihnen nichts übrig als loszumarschieren, und sie taten das mit einem gehörigen Furor. Überall bildeten sich Rotten und wilde Scharen. Etliche Priester wurden umgebracht, Schlösser und Pfarrhäuser geplündert. Am 19. Mai drang ein aufgeregter Haufen in Hartkirchen bei Eferding ein, wo ein gewisser Horazio de Thomasis, der Bruder des Linzer Dechants, als Pfarrhofverwalter amtierte. Da es im Lande zu wenig katholisches Personal gab, hatte man nämlich Priester und Pfarrangestellte aus Wälschtirol geholt, die in der Bevölkerung besonders unbeliebt waren, weil sie weder mit der Mentalität noch mit der Sprache der Einheimischen zurechtkamen. Der arme Horazio wurde aus dem Haus gezerrt und mit einem Morgenstern niedergemacht. Auch seine Frau und ein zufällig anwesender Mönch fanden den Tod. Die Pfarrhofmagd konnte dem blutigen Überfall gerade noch entkommen, erlitt aber schwere Verletzungen. In der dortigen Kirche findet sich ein Bild, das die Untat recht drastisch schildert, der Dechant hat es seinem Bruder und dessen erbärmlichem Ende zum Gedächtnis anfertigen lassen.

Unterdrückte den Aufstand mit brutaler Gewalt: Adam von Herbersttorff. Grabplatte in der Allerheiligenkapelle in Altmünster.

Mit Mühe gelang es Stefan Fadinger und seinem Schwager, dem Wirt Christoph Zeller, denen damals schon eine gewisse Autorität zukam, die Rebellion halbwegs zu ordnen, denn der Statthalter rückte bereits mit einer Kriegsschar heran. Den Scharfrichter hatte er gleich mitgebracht und mit einer ausreichenden Zahl von Stricken, Hacken und anderen Werkzeugen ausgestattet. Bei Peuerbach aber geriet er in einen Hinterhalt und erlitt eine jämmerliche Niederlage, bei der er sechs- bis siebenhundert Soldaten verlor. Mit Mühe rettete er sich selber nach Linz, seine Geschütze, Waffen, Vorräte, ja selbst die Geräte des Henkerwagens fielen den Bauern in die Hände.

Das war der Beginn des oberösterreichischen Bauernkrieges, eines Ereignisses, dem von verschiedenen Autoren geradezu welthistorische Bedeutung zugemessen wurde. Tatsächlich haben die Aufständischen bei keiner anderen derartigen Rebellion so überlegt agiert, nirgends sind sie so klug vorgegangen wie in unserem Land. Wenn ihnen auch mancher entscheidende Fehler unterlief, so ist es doch hervorzuheben, dass sie systematisch fast das ganze Land unter ihre Kontrolle brachten und den Kaiser zu ernsthaften Verhandlungen nötigten. Freilich passierte ihnen das Missgeschick, dass sie ihre charismatischen Anführer, den Fadinger und den Zeller, mitten im Kriegsgeschehen verloren. Ab deren Tod ging es bergab. Von Westen drohten die bayrischen Soldaten, von Osten rückten die kaiserlichen Truppen an, und bald schien es, als sei der Aufstand niedergeschlagen. Der Kaiser willigte sogar in einen Waffenstillstand ein, doch wurde dieser vom Herzog von Bayern unvorsichtigerweise gebrochen, was neue Empörung bei den Bauern auslöste. Sie überfielen die unter dem Kommando eines Herzogs von Holstein stehenden Kriegsleute und jagten ihnen solchen Schrecken ein, dass der genannte Herzog im Hemd das Weite suchen musste, und sie besiegten eine weitere Heeresmacht. Nun beeilte man sich in München, einen tüchtigen Truppenführer zu suchen, der dem Spuk im Land ob der Enns ein rasches Ende bereiten könne, er wurde in der Person des schneidigen und renommierten Reitergenerals Gottfried Heinrich von Pappenheim gefunden. Mit seinem Eingreifen begann der letzte Akt des Aufstandes.

Die Taverne Christoph Zellers, des Schwagers und Waffengefährten Fadingers, in St. Agatha, die er 1625 erwarb.

„... auch wir wollen für den Herrn Jesus sterben"

„Emlinger Holz" und „Pinsdorf", in diesen Namen verdichtet sich die Tragödie der oberösterreichischen Bauern. Die Örtlichkeiten sind jeweils durch ein Mahnmal gekennzeichnet. Im Emlinger Holz sind es drei schlichte, unbehauene Granitsäulen, die, durch eine Rundbank verbunden, wie ein Denkmal aus der Vorzeit wirken. Die Landschaft hat sich dort seit dem 17. Jahrhundert nur unwesentlich verändert, und der Besucher kann sich an einem trüben Herbsttag leicht in die Situation jenes 9. November 1626 hineinleben, als in und bei dem Gehölz mehr als achttausend Bauern versammelt waren und sich mit Gebeten und Psalmengesang auf den entscheidenden Kampf vorbereiteten. Sie wussten, dass sie kaum eine Chance hatten, denn es standen ihnen ebenso viele gut gerüstete, ausreichend mit Feuerwaffen versehene Soldaten gegenüber, während sie hauptsächlich mit Spießen, Äxten und Prügeln kämpfen mussten. Aber es war ihnen klar, dass sie nichts mehr zu verlieren hatten, und das gab ihnen die Wut der Verzweiflung. Sie stürmten los und konnten die Soldaten mit Ungestüm einen halben Kilometer zurückdrängen. Dann mussten sie zurückweichen, griffen aber wieder an, rückten neuerlich vor, und das wiederholte sich viermal. Musketenfeuer aus den Flanken entschied schließlich die Schlacht, dreitausend Bauern sind an jenem einzigen Tag gefallen.

Die Erbitterung, mit der sie gekämpft hatten,

„Der Herr Jesus ist für uns gestorben, also wollen auch wir für ihn sterben": Predigt des „Studenten" an die aufständischen Bauern. Aquarell von Alois Greil, Oberösterreichisches Landesmuseum.

jagte dem Feind Entsetzen ein. Pappenheim meinte später, sie hätten sich nicht wie Menschen, sondern wie Furien gewehrt. Seine Leute wiederum vermuteten, die Rebellen verfügten über magische Künste, sodass sie der General mit einem Gegenzauber beruhigen musste. Denn die letzte Schlacht war immer noch nicht geschlagen.

Auf einem weiten, fast ebenen Feld in Pinsdorf nahe bei Gmunden hatten sich die Reste des Bauernheeres, immerhin noch einmal sechstausend Mann, um einen geheimnisvollen Anführer gesammelt, den man nur unter der Bezeichnung „Student" kennt. Angeblich war er aus Deutschland gekommen, ein angehender lutherischer Prädikant, der über viel Charisma und Überzeugungskraft verfügte. Es gibt Berichte, die besagen, er sei verrückt gewesen, andere meinten, er habe über zauberische Kräfte verfügt. Noch 1683 schreibt der Barockdichter Johann Beer, die Bauern würden von einem Studenten kommandiert, der sie gegen Stahl und Eisen „fest" gemacht habe. Er habe ihnen auf einem Berg bei Lambach *ein Mueß gekochet, und wer davon gegessen, in den ist weder Kugel noch Eisen gegangen, und was noch das wunderlichste ist, so haben die Bauern die Kugeln nit*

Die Aufständischen kämpften wie die Tiger und Löwen: die Schlacht von Pinsdorf in der Nähe von Gmunden am 15. November 1626. Aquarell von Alois Greil, Oberösterreichisches Landesmuseum.

allein abweisen, sondern dieselben noch mit der Hand fangen können.

Die Wirklichkeit sah leider anders aus. Der Student hielt vor der Schlacht von Pinsdorf eine Predigt, die mit den Worten schloss: *Der Herr Jesus ist für uns gestorben, also wollen auch wir für ihn sterben,* er konnte damit die Aufständischen noch einmal dermaßen motivieren, dass sie kämpften wie die Tiger und Löwen. Bald waren die kaiserlichen Truppen in die Flucht geschlagen, nur die Bayern hielten stand und konnten erst nach drei Stunden mörderischen Gefechtes den Kampf für sich entscheiden. Bekannt ist der Ausspruch Pappenheims: „Ich bin in etlichen Schlachten gewesen, habe aber nie ein hartnäckigeres, mehr den Erfolg bestreitendes und grausameres Fechten gesehen!" Er ritt unmittelbar nachher in die nahe Stadt Gmunden, zog dort in die Pfarrkirche ein und hängte sein Schwert neben der Statue des heiligen Ritters Georg auf. Die Leichen der Gefallenen aber wurden, so gut es ging, auf einen Haufen zusammengeworfen und mit Erde bedeckt. Heute noch zeugt dieser sogenannte „Bauernhügel", mit einem Gedenkstein versehen, vom verheerenden Wüten der Schlacht, und selbst im Wappen der Gemein-

Mit glühenden Zangen gezwickt, enthauptet und gevierteilt: die Hinrichtung des Martin Laimbauer, seines vierjährigen (!) Sohnes und seiner letzten Getreuen am Linzer Hauptplatz. Die Körperviertel wurden öffentlich aufgesteckt. Zeichnung von Wenzel Hollar.

de Pinsdorf scheint der unheimliche Erdhaufen auf. Das Land war unterworfen, die Gegenreformation konnte mit voller Wucht einsetzen. Allenthalben gab es behördlich angeordnete Massenbekehrungen, und wer nicht spurte, bekam Soldaten in sein Haus einquartiert oder wurde gar zur Auswanderung gezwungen. Seltsamerweise aber breitete sich nicht wie in anderen Regionen düstere Grabesstille aus. Es setzte vielmehr in weiterer Folge das lebensfrohe Zeitalter des Barock ein, in dem das ganze Land im Geist des Katholizismus erstrahlte. Das Volk schloss sich in religiösen Vereinigungen zusammen, Bruderschaften genannt, prächtige Prozessionen und Wallfahrten belebten den Alltag, die Gotteshäuser füllten sich mit schönen Statuen und Gemälden, und selbst die Stuben und Gebrauchsgegenstände der Bauern wie Kästen und Truhen zeigten fröhliche Heiligendarstellungen.

Drakonische Strafen wie das Abschneiden von Nasen und Ohren oder das Abhacken der rechten Hand waren die Antwort der Obrigkeit. Kolorierter Holzschnitt, Sammlung Heimathaus Freistadt, Oberösterreichisches Landesmuseum.

Die „Ketzer" starben nie ganz aus

Nur ab und zu kam es zu Ereignissen, die wie ein Schlaglicht aufzeigten, dass sich das Trauma der Rebellionszeit doch nicht so ganz unterdrücken ließ. Nachdem bereits 1632 die Hoffnung auf den Schwedenkönig Gustav Adolf einen Aufruhr ausgelöst hatte, trat ein paar Jahre später in der Gegend um St. Georgen an der Gusen ein gewisser Martin Aichinger auf, nach seinem Hausnamen der „Laimbauer" genannt. Er behauptete, er sei siebenmal vor dem Himmelstor gestanden, Gott Vater habe ihm selbst den Auftrag erteilt, gegen die Papisten und die Herrschaften bis zum siegreichen Ende zu kämpfen. Seinen Anhängern versprach er das Himmelreich, außerdem stehe ohnehin der Jüngste Tag unmittelbar bevor. Als Feldzeichen verwendete er weiße Fahnen, die mit sonderbaren Symbolen und Zeichen versehen waren; sie sollten offenbar „alle unter diesen Fahnen Marschierenden vor feindlichen Überfällen schützen und hieb- und stichfest machen", wie der Volkskundler Ernst Burgstaller schreibt. Mit solchen Verheißungen konnte der Laimbauer eine Anzahl von Anhängern, meist junge Leute, überzeugen, die bereit waren, ihrem Anführer in den Tod zu folgen. Sie wurden in der Ortschaft Frankenberg in der Nähe von Mauthausen vom Militär gestellt, belagert und schließlich in die dortige Kirche getrieben. Dort schlachtete man sie erbarmungslos ab. Aichinger selber wurde gefasst und auf dem Hauptplatz von Linz öffentlich hingerichtet.

Ein Bergdorf als lutherisches „Widerstandsnest": die evangelische Kirche in Gosau.

Wer in den folgenden Jahrzehnten als Lutheraner denunziert wurde, hatte nichts zu lachen. Mit besonderem Eifer bemühten sich Kaiser Karl VI. und nachher seine Tochter, die als gütige Landesmutter hoch gelobte Maria Theresia, um den einheitlich katholischen Anstrich ihrer Lande. Missionare wurden ausgeschickt, das religiöse Betragen der Untertanen wurde bis in die Einzelheiten kontrolliert, etwa ob sie an Fasttagen Fleisch äßen oder beim Beten das Kreuzzeichen machten. Wenn aller Druck nichts nützte, wurden sie, wie man sagte, „transmigriert", das heißt in das einheitlich evangelische Siebenbürgen verfrachtet und dort angesiedelt.

Als 1781 in dem Bergdorf Gosau das Toleranzedikt Kaiser Josephs II. verkündet wurde, das den Evangelischen endlich religiöse Freiheit brachte, und ein Gerichtsdiener die Protestanten aufforderte, nach vor zu kommen und sich zu melden, wagte es aus Furcht vor einer Falle und vor weiteren Schikanen niemand, sich zu deklarieren. Da trat eine einfache Frau vor und erklärte: *Schreib mi auf. Von mir weiß es eh jeder, dass i a Lutherische bin. Oft g'nuag war i deswegen eing'sperrt. Wenn's nit wahr is, was da g'sagt worden is, dann könnt's mi glei mitnehmen.* Ihr Beispiel riss alle mit, es ließen sich 1086 Personen als evangelisch eintragen, und heute noch gehören ungefähr 80 % der Gosauer dieser Konfession an. Der Name der Frau aber, sie hieß Brigitta Wallner, blieb unvergessen. Auf einer Gedenktafel an der Kirche wird sie als „Glaubensheldin" gerühmt, und das dortige Seniorenheim trägt die Bezeichnung „Brigittaheim".

Lange konnten sich aber kirchliche und politische Obrigkeiten nicht daran gewöhnen, dass sie nun das evangelische Bekenntnis zu tolerieren hätten. 1806 kam ein Pfarrer namens Martin Boos in den Mühlviertler Markt Gallneukirchen. Er stammte aus dem Allgäu und hatte dort mit verschiedenen Gruppen von Mystikern Kontakt gehabt. Deren Gedankenwelt hatte ihn so erfasst, dass er auch in seiner oberösterreichischen Pfarrei in ihrem Sinn predigte und wirkte. Er geriet bald in den Verdacht, lutherischen Gedanken nahezustehen, und wurde nach zehn

Das Glaubensbekenntnis eines protestantischen Adeligen als Freskenzyklus: die Südfassade von Schloss Parz. Die provokanten Wandgemälde entstanden um 1580 im Auftrag Sigmund Pohlheimers.

Jahren aus Gallneukirchen wieder abgezogen, ja vorübergehend in einem Linzer Kloster inhaftiert, bis er sich schließlich entschloss, nach Deutschland zurückzukehren. In seinem Pfarrort aber blieb er unvergessen. Es bildete sich eine Gruppe, die erklärte, mit der katholischen Kirche nicht mehr zufrieden zu sein, und um den Übertritt zur evangelischen Konfession ansuchte. Dazu war aber die Zustimmung der kirchlichen und der weltlichen Behörden vonnöten. Man kann sich kaum vorstellen, mit welchen Schikanen man dieses Vorhaben hintertrieb. 25 Jahre dauerte es, bis den letzten von ihnen die Konversion gestattet wurde, und der Linzer Bischof, ein recht autoritärer Mann, konnte sich nicht genug tun, die paar friedlichen und frommen Leute als *unglaublich verwegene Parthey* anzuschwärzen, von der eine alle Vorstellungen übersteigende Brutalität *ausgegeifert* sei. Wenn sie wieder einmal ein demütiges und durchaus gesetzeskonformes Übertrittsansuchen einbrachten, wurde dies als *freche Behelligung* der Behörden bezeichnet und den Bittstellern eine Bestrafung angedroht.

Natürlich zeigten sich die Obrigkeiten auch deswegen so rigoros, weil sie sich mit Schrecken der Vorkommnisse erinnerten, die sich 1812 bis 1817 in dem Hausruckdorf Ampflwang zugetragen hatten. Auch dort war ein mystisch angehauchter Priester der Urheber der Unruhe gewesen, der Kooperator Thomas Pöschl. Er hatte dem zum Tode verurteilten Nürnberger Buchhändler Palm auf dem letzten Weg geistlichen Beistand leisten müssen; dieser politische

Gedenken an eine Tragödie: Das Frankenburger Würfelspiel wird alljährlich in einer Open-Air-Inszenierung mit Hunderten von Laienschauspielern nachgespielt.

Mord und überhaupt die Notzeit der Franzosenkriege hatten in ihm die Überzeugung geprägt, dass der Teufel die Welt regiert. Er meinte, es sei seine Aufgabe, die Christenheit zu erneuern, eine jüdisch-katholische Kirche zu gründen und die Juden von Prag zu bekehren. „Seherinnen" wie die Krämerin Eva Sickinger bestärkten ihn durch Visionen. Auf die Bevölkerung übte er einen dämonischen Einfluss, seine Predigten, voll mitreißender Begeisterung, hatten ungeheuren Zulauf. Der Kirche war das bald nicht mehr geheuer, er wurde in Salzburg interniert und schließlich, wohl zu Recht, in Wien in eine Anstalt für geisteskranke Priester gebracht, wo er 1837 starb.

Die Anhänger Pöschls aber waren von seinen Ideen infiziert. Sie hatten zwar mit der Bekehrung der Prager Juden nichts am Hut, wohl aber faszinierten sie die Teufelsgeschichten. Sie nannten sich „Brüder und Schwestern von Sion", ihr Anführer war der „Schmiedtofferl" von Ampflwang, ein Bauer namens Johann Haas, der unbedingt die Welt vom Bösen ausputzen wollte. Er forderte sein 31-jähriges Patenkind Anna Maria Hötzinger auf, sich als Sühneopfer für die Unreinen zur Verfügung zu stellen. Die junge Frau stimmte zu, sogar ihre Mutter war angeblich hocherfreut über die Auserwählung der Tochter. Am späten Abend des 29. März 1817 begab sich Haas zunächst zu einem alten Bauern, der sich seiner Bewegung nicht angeschlossen hatte, drang mit Gewalt in dessen Haus und erschlug ihn mit einer Axt, wobei auch die Bäuerin schwer verletzt wurde. Dann eilte er nach Hause, um das Sühneopfer abzuschlachten, was in grässlicher Weise geschah. Als sie tot in ihrem Blut lag, meinte er: *Jetzt ist die Hölle ausbrennt!* Anschließend zertrümmerte er die Einrichtung seines Hauses und warf alles durch das Fenster, *dem Satan zur Beute, damit er die gereinigte und gerechtfertigte Seele nicht noch einmal in Versuchung führe.* Als hierauf die ganze Sekte verhaftet wurde, wollte ein weiterer Bauer seine siebenjährige Tochter als Reinigungsopfer erwürgen, was die Mutter im letzten Augenblick verhindern konnte.

Hochkonjunktur für die Hexenjäger

Hundertfünfzig Jahre zuvor hätte man Pöschl und seine Schar wohl als verzaubert und verhext angesehen. Der Teufel, der ihr Denken beherrschte, hatte in den Jahrhunderten zuvor weite Teile der Gesellschaft fest im Griff. Immer wieder gab es Gerüchte, diese oder jene Person habe mit dem Bösen einen Pakt geschlossen, sie sei imstande, Milch aus Tuchzipfeln zu melken, Unwetter ausbrechen zu lassen oder den Nachbarn Mäuse und anderes Ungeziefer ins Haus zu zaubern. Zwar war das Land ob der Enns mit seinen eher vernunftbestimmten Bewohnern keine Hochburg des Hexenwahns, aber die Zahl von etwa hundert Opfern, welche die Forschung annimmt, ist immer noch schaurig genug.

Einer der Vorwürfe, die häufig in den Prozessen erhoben wurden, war der, die Delinquenten hätten sich konsekrierte Hostien in den Körper *„einheilen"* lassen, das heißt, sie hätten sich Wunden beigebracht und dorthinein Partikel des Heiligen Brotes geschoben, in der Hoffnung, dadurch unverwundbar zu werden. Die Maria Haunschmidt etwa, die 1695 im sogenannten Greinburger Hexenprozess vernommen wurde, gab unter der Folter an, es sei ihr die Haut der rechten Gesäßbacke geöffnet und dort eine Hostie eingenäht worden, die zuvor in der Pfarrkirche von Königswiesen gestohlen worden war. Ihre Mitangeklagten erklärten, sie hätten mit dem Teufel verkehrt, der *wie eine andere Mannspersohn* ausgesehen habe, *im Gesicht praun mit einem grauen Rock angethan.* Er habe etwas Kaltes in der Länge eines Fingers in den Leib gesteckt, *welches ihr gar nicht wohl gethan.* Eine andere erzählte, der Böse habe sie in Gestalt eines Hundes beschlafen. Solche und andere Geständnisse geben wohl eher die Denkungsart der vernehmenden Richter wieder, welche sich nicht genug tun konnten, möglichst gräuliche Dinge aus den gequälten Malefikanten und Malefikantinnen herauszuholen.

Da wurden etwa 1694 in der Gegend von Kefermarkt drei arme Teufel festgenommen, die, wie sie sagten, aus großer Not bei einem Bauern Brot und Lebensmittel gestohlen hatten. Sie wollten noch in zwei andere Häuser einbrechen, wurden aber verscheucht und schließlich erwischt. Im Verhör gab einer der Männer an, der Haupttäter, ein Bettler namens Abraham Endtschlöger, habe darüber gejammert, dass ihm beim Diebstahl sein Stecken abhanden gekommen sei, und ohne diesen *könne er nicht mehr so viel machen.* Auch hätte er seine Kumpane gescholten, dass sie weggelaufen seien; habe er doch ein Mittel gehabt, welches bewirkt hätte, dass die Hausleute nicht munter werden. Weit mehr als der Diebstahl interessierten den Richter fortan diese Fakten, die wohl nicht mehr als unbedachte, dumme Bemerkungen waren. Nach zahlreichen Verhören und ernstlicher Androhung der Folter erklärte der Verdächtige plötzlich, er besitze ein *Alraundl,* ein zauberkräftiges Wurzelmännchen, das er von einem Bäcker geschenkt erhalten hätte. Dieses habe ihm laufend Geld gebracht, was ihm allerdings nicht viel nützte, da er alles vertrunken habe, aber es habe ihm sogar jetzt im Gefängnis seine Hilfe angeboten.

Von jetzt an galt der Bettelmann als gefährlicher Zauberkünstler. Der Richter holte sich die Weisung eines berühmten Juristen aus der Stadt Linz ein, wie er sich zu verhalten habe. Der empfahl, den Gefangenen täglich mit Weihwasser zu besprengen, ihm geweihte Sachen umzuhängen und solche an den Türen des Kerkers anzubringen, denn es sei nicht ausgeschlossen, dass der Teufel einen Befreiungs-

Propagandistische Bilderfolge, angeregt durch den Vorchdorfer Pfleger Philipp Hölscher: Den „zauberischen Malefikanten" wurden so „hochverbrecherliche Untaten" wie Hostienschändung (links) und Tanz mit dem Teufel (rechts) vorgeworfen.

versuch unternehme. Als ein deutliches Indiz wurde es aufgefasst, dass der arme Sünder jedes Mal, wenn er bereit war, auszusagen, von Zittern und Zagen erfasst wurde und kein Wort mehr herausbrachte, offensichtlich wurde er durch den Satan am Sprechen gehindert. Erst während der Folterung, die massive Anwendung fand, erfuhr der Richter in aller Deutlichkeit die Sachen, die er hören wollte, nämlich dass Endtschlöger das *Alraundl* nicht geschenkt bekommen, sondern unter seiner Achsel aus einem kohlrabenschwarzen Ei ausgebrütet und dass er mit dem Bösen einen Blutpakt geschlossen habe. Nach solchem Geständnis war er endgültig reif für die Hinrichtung, er wurde enthauptet, sein Leichnam auf einem Scheiterhaufen verbrannt und seine Asche *vor dem Angesicht der Welt vertilgt.*

Spricht man von Hexenprozessen im Lande ob der Enns, hat man zu bedenken, dass weitaus mehr Männer als Frauen die Opfer waren. Zumeist ging es um Zauberei, wobei die magischen Mittel, deren sich die Täter bedienten, auch ohne direkte Einwirkung Satans teuflisch genannt werden müssen. So wurde 1645 ein Bettler vor dem Landgericht Spital am Pyhrn hingerichtet, weil er neben anderen Schandtaten hochschwangere Frauen ermordet, ihren Leib aufgeschlitzt und den Ungeborenen die Hände abgeschnitten hatte. Es hieß nämlich, wer *solche materi* bei sich habe, könne bei einem Diebstahl oder Einbruch nicht erwischt werden, vornehmlich dann, wenn es sich um die Hände von männlichen Embryos handle.

Unter der Folter gestanden die Mitglieder der Kaperger-Bande seltsame Praktiken: Wetterzauber mit Hilfe einer Hostie.

Dass bei derartigen Praktiken der Vorwurf teuflischen Paktes in der Luft lag, versteht sich von selbst.

Um die Mitte des 17. Jahrhunderts machte die sogenannte Kaperger-Bande die Gegend an den Flüssen Alm und Krems unsicher. Es handelte sich um den losen Zusammenschluss von Verbrechern verschiedenen Kalibers, die Diebstähle, Raubüberfälle, ja sogar Morde planten und ausübten. Ein Team von Wissenschaftern hat sich jüngst akribisch mit ihrer Geschichte befasst und sie als eine Kriminaldokumentation herausgegeben. Mit Entsetzen liest man von der Sittenverwilderung dieser Zeit, als nach dem Dreißigjährigen Krieg allenthalben unterbeschäftigte Soldaten präsent waren und die Brutalität ins Volk trugen. Bei den Raubzügen liefen der Bande scheinbar wahllos Leute zu, die fleißig mitmachten und sich an der Beute beteiligten.

Aber als sie endlich gefasst wurden und einige ihrer Rädelsführer in die Hände des ehrgeizigen Pflegers des Landgerichtes Eggenberg in Vorchdorf, eines gewissen Philipp Hölscher, gerieten, tauchte bald der Verdacht auf, sie hätten sich mit dem Teufel verbündet und Gott abgeschworen. Unter der Folter gaben sie zu, dass sie mit den Teufeln gezecht, Hagelwetter erzeugt und geweihte Hostien zerschnitten hatten, die sich bei solcher Untat sofort blutig verfärbt hätten. In einem bis heute erhaltenen Bilderzyklus werden diese *hochverbrecherlichen* Untaten der *zauberischen Malefikanten* ausführlich dargestellt, wobei die kriminellen Fakten überhaupt keine Rolle spielen, sondern nur die magischen Begebenheiten, etwa eine Tanzveranstaltung mit den Teufeln oder das Herumtrampeln auf einer Hostie. Immer wieder wird die aufdeckende Tätigkeit Philipp Hölschers indirekt hervorgehoben. Er war zweifellos der Initiator der propagandistischen Gemäldefolge, denn er musste auf seine Verdienste verweisen, hatte doch der Pfleger, der seine Gefangenen eigenmächtig gefoltert hatte, auch sonst viel Dreck am Stecken. Einige Jahre nach dem Kaperger-Prozess wurde er wegen übergroßer Härte gegen seine Untergebenen und wegen unrechtmäßiger Bereicherung abgesetzt.

Wie fürchterlich es aber war, wenn jemand in den Verdacht geriet, Hexerei und Satanswerk zu betreiben, beweist der verzweifelte Hinweis eines Mitglieds der Kaperger-Bande, er sei schließlich *nur (!) ein Rauber und Mörder,* um Himmels willen aber kein Teufelsbündler.

Das Salzkammergut, einmal anders gesehen

Das Bekannteste, was über das Salzkammergut gesagt wurde, ist nun einmal der Satz, dass man hier „gut lustig“ sein kann. Ob es auch das Gescheiteste ist, mag für die Touristiker und für viele Freunde des Gebietes außer Zweifel stehen, denn sie orientieren sich am Freizeitwert, und der ist in einem Land mit gezählten sechsundsiebzig Seen samt einer Unzahl von Berggipfeln ungewöhnlich hoch. Dazu kommt eine Bevölkerung, die man gemeiniglich als freundlich und festesfreudig klassifiziert, und, nicht zu vergessen, eine Infrastruktur, die das Herz eines jeden Experten höher schlagen lässt. So ist das Lied vom lustigen Salzkammergut ein unverwüstlicher Schlager geworden. In den Zwanziger Jahren des 20. Jahrhunderts schloss sich ein Reisehandbuch dem an und meinte in der blumigen Sprache der damaligen Zeit, dass „die Landschaft in ihrem Stimmungscharakter eine bewegte Heiterkeit, ja, fast möchte man sagen, ein übermütiges Wesen zeigt, und man hat sie daher nicht mit Unrecht ihrem Bewohner verglichen, dem Älpler, wenn er im Frühling, den Hut mit Blumen besteckt, jubelnd und jauchzend zum erstenmal wieder auf die Almen fährt“.

Die kaiserliche Vaterfigur ist allgegenwärtig: das Jagdstandbild für Franz Joseph in Kaltenbach.

Linke Seite: Melancholisches Alpengewässer: der Mondsee mit der Drachenwand.

Ist das Salzkammergut wirklich so fidel?

Ob es aber wirklich immer und überall so fidel zugeht in dem Landstrich, soll durchaus in Frage gestellt werden. Man darf nämlich die melancholischen, mystischen Seiten des Salzkammerguts nicht außer Acht lassen. Da liegt etwa eineinhalb Gehstunden hinter St. Wolfgang der Schwarzensee, ein typisches Alpengewässer, ein schönes Ausflugsziel inmitten von Bergen und Wäldern, im Sommer beliebt als Badestelle, im Winter als perfekte Eisfläche. Gar nicht angenehm erschloss sich seine Atmosphäre dem Dichter Nikolaus Lenau, der sie in seinem Gedicht *Der Schwarze See* so empfand:

Sehr ernst ist hier
die Welt
und stumm in sich
versunken,
als wär ihr letzter
Hauch
im finstern See
ertrunken.

Selbst den allgemein als heiter angesehenen Wolfgangsee empfand Alexander Lernet-Holenia als schwarze Düsternis, als er ihn unter Sturm und Gewitter erlebte, und Viktor von Scheffel redete das Gewässer in seinen *Bergpsalmen* bei trübem Wetter folgendermaßen an: „Unwillig, einem Verdrossenen gleich, starrst matt du herauf, grauschmutzig und trüb, und weigerst uns ganz den Anblick jenseitiger Gipfel.“ Und gar am Hallstätter See, der allseitig von schwarzen, wuchtigen Felswänden umgeben ist, ist endgültig Schluss mit lustig. Der namengebende Markt gilt zwar als Inbegriff alpiner Romantik, aber verstört blicken die Besucher um sich und meinen: „Wohnen möchte ich da nicht.“

So gibt es auch von den Gästen des Salzkammergutes nicht nur fröhliche Geschichten. Der Komponist Hugo Wolf etwa wohnte mehrere Sommer lang in den Gebäuden des ehemaligen Klosters Traunkirchen und verfiel immer mehr in seine verzweifelten Depressionen, bis er versuchte, sich im See zu ertränken, und endgültig in die Nervenheilanstalt überstellt wurde. Der bereits erwähnte Nikolaus Lenau verlebte hier düstere Zeiten, da ihn die unglückliche Liebe zu einer verheirateten Frau quälte. Treffpunkt vieler Künstler war die Villa einer russischen Gräfin namens Pantschoulidse. Sie war so herrlich über dem Traunsee erbaut, wie es sich Adalbert Stifter einst erträumt hatte, „dass man, wie in einer Laterne, mitten in der Paradiesesaussicht schwebe“. Und doch war die Besitzerin dem Trübsinn verfallen, sie hielt sich für hässlich, lebte am liebsten zurückgezogen und hatte zumeist nur ihre schwachsinnige Schwester um sich.

In Gmunden begann auch die Tragödie eines jungen, begabten Malers: Der 22-jährige Richard Gerstl hatte die Zuneigung des damals schon arrivierten Komponisten Arnold Schönberg gefunden, er hatte den Meister animiert, sich auch in der Malerei zu versuchen, und war in die Sommerfrische mitgenommen worden. Der Gast verliebte sich fatalerweise in die Gattin seines Gönners, die beiden wurden von diesem auf frischer Tat erwischt und flohen zusammen nach Wien. Als Mathilde Schönberg nach zwei Tagen reumütig zur Familie zurückkehrte, nahm sich Gerstl das Leben, er erhängte sich vor einem Spiegel, nachdem er sich zuvor ein Messer in die Brust gestoßen hatte.

Und lebte nicht der tiefgründige Analytiker der österreichischen Seele, der unverzagt in ihren dunklen Schichten herumrührte, Thomas Bernhard, in Gmunden oder zumindest in der Nähe des Traunsees?

Aus der Gegend stammt auch Christoph Ransmayr, der dem Fasching in Ebensee, einer an sich heiteren, brauchtumsverklärten Veranstaltung, eine sinistre Deutung gegeben hat: „Aus allen Häusern brachen Vermummungen hervor, um die Fastnachtsfreiheit bis zum Morgengrauen und zur Erschöpfung zu nützen. Jeder verwandelte sich in sein Geheimnis und Gegenteil. Erzkocher wurden zu Herren, Fischer zu chinesischen Kriegern; wer das Jahr über im Keller des Branntweiners Abend für Abend Zoten gegrölt hatte, der schwieg jetzt betrunken und stimmlos; wer viel geschwiegen hatte, der schrie: und wer sich ein Jahr lang in der Angst vor Schlägen geduckt und gekrümmt hatte, der schlug nun selber zu.“ Düster und maßlos zieht er das Resümee: „Wahnbilder einer untergehenden Welt“.

Bad Ischl, Symbol einer untergegangenen Welt

Das Herz des Salzkammergutes, Bad Ischl, gilt tatsächlich als das Symbol einer untergegangenen Welt. Sein Bild wird geprägt von der Erinnerung an die vielen prominenten Gestalten des Fin de Siècle, die sich hierher auf Sommerfrische begaben. In gewisser Weise wird es immer noch dominiert von der Vaterfigur des alten Kaisers Franz Joseph. Der saß zwar genauso wie in Wien auch im Urlaub Tag für Tag an seinem Schreibtisch, angetan mit der unvermeidlichen Uniform; seine Minister, Flügeladjutanten und Kabinettchefs waren zumeist auch da, aber es herrschte ein legererer Betrieb als in der Hofburg, vor allem konnte man zur Pirsch ausrücken, und die war das große Vergnügen des *allerhöchsten Staatsbeamten*, wie ihn die bayrische Autorin Renate Just tituliert. So konnte er, dem, wie er sagte, „nichts erspart“ blieb, wenigstens hier einige Freuden genießen, wozu auch die zwanglosen Besuche bei der Herzensfreundin Katharina Schratt gehörten, in deren Sommerquartier er sich regelmäßig zu Morgenkaffee und Gugelhupf einfand.

Und doch endeten die behaglichen Erholungsaufenthalte mit einem Misston, mit einem Misston so schrill, dass daran das ganze Reich, ja die

Es begann mit einer romantischen Liebesgeschichte: Ausfahrt von Sisi und Franz Joseph am Tage ihrer Verlobung, dem 21. August 1853, in der Umgebung von Bad Ischl.

ganze Welt von damals wie dünnes Glas zersprang. Hier, in der Kaiservilla, erreichte den alten Herrn die Nachricht vom Attentat in Sarajevo. Obwohl der ermordete Thronfolger durch eine nicht recht standesgemäße Heirat und durch ein unangenehmes Drängen auf Neuerungen dem Herzen des Monarchen nicht gerade nahestand, empfand er das Attentat als eine untragbare Störung der geheiligten Ordnung seines Reiches, und die Befürworter eines Krieges hatten die erwünschte Möglichkeit, ihn zu scharfem diplomatischem Vorgehen gegen Serbien zu veranlassen, was letztlich in die Kriegserklärung mündete. Am Tag danach reiste er aus Ischl ab, und Fotos zeigen ihn, wie er, ein paar ernste Worte mit den örtlichen Honoratioren wechselnd, für immer Abschied von seinem Sommerdomizil nimmt.

Kein Zweifel, Franz Joseph hat die Gegend geliebt. In jungen Jahren hat er meist das getan,

Das Zentrum des kaiserlichen Ischls: die Kaiservilla, ein Biedermeierlandhaus, das der habsburgische Hof 1853 durch zwei Flügelbauten erweitern ließ. Die Springbrunnengruppe vor der Auffahrt ist ein Werk Viktor Tilgners.

was seine dominante Mutter vorschrieb, und da diese Ischl in ihr Herz geschlossen hatte, wäre für den folgsamen Sohn ein anderer Urlaubsort kaum in Frage gekommen. *Oh, wie sehne ich mich nach meinem lieben, lieben Ischl,* schwärmt der Fünfzehnjährige in einem an sie gerichteten Brief. Der Kaiser hatte aber auch freundliche persönliche Bindungen an das Salzkammergut. Hier hatte er die bayrische Prinzessin Elisabeth kennengelernt und sich mit ihr verlobt, was ausnahmsweise nicht ganz nach dem Gusto der gestrengen Frau Mama geschehen war. Hier hatte sich seine Gemahlin im Gegensatz zu Wien auch einigermaßen wohlgefühlt. Dazu kamen die geliebte Jagd und die etwas weniger zwanghafte Lebensweise.

Die andere Seite des kaiserlichen Ischl

Sieht man auf Bildern den Kaiser im Jagdanzug, also in der kurzen Ledernen, die allerhöchsten Knie unbedeckt, den Hut mit Gamsbart am Kopf, meint man, einen ungeheuer volksverbundenen Fürsten vor sich zu haben, doch welche Täuschung! *Franz Joseph war unnahbar,* schreibt Maria von Peteani in ihrem reizenden Buch *Es war einmal in Linz – in Ischl.* Sie spricht „von der ungeheuren Kluft, die

Der habsburgische Mythos lebt ungebrochen fort: das Kongress- und Theaterhaus in Bad Ischl während des Lehár-Festivals.

zwischen dem Volk und der Einsamkeit des Monarchen lag". So bescheiden und einfach seine Lebensweise auch war, der apostolische Herrscher mit dem endlos langen Titel war sich seiner hohen Würde wohl bewusst und hatte kaum Kontakt mit den einfachen Leuten. Ein Ischler hat mir erzählt, seine Großtante sei Wäschebeschließerin in der Kaiservilla gewesen. Tag für Tag sei der Hausherr an ihrem Arbeitsplatz vorübergegangen, nicht ein einziges Mal habe er dabei auch nur ein Wort an die Bedienstete gerichtet. Anderswo ist über den an sich im militärischen Denken verhafteten Kaiser zu lesen: „Von Soldaten (gemeint sind einfache Soldaten) hielt er sich grundsätzlich und sorgfältig in entsprechender Entfernung, und niemals bei den vielen Anlässen, die ihn mit der Truppe in Berührung brachten, hat er an einen oder mehrere der Soldaten ein leutselig aufmunterndes Wort gerichtet." Auch gibt es in den zahlreichen Briefen, die er an Verwandte oder an Katharina Schratt richtete, nicht ein einziges Mal eine Andeutung darüber, dass ihm die Illuminationen, Dekorationen und sonstigen Arrangements, mit denen sich Ischl zu des Kaisers Geburtstagen und anderen Anlässen alle Mühe gab, irgendwelche Freude bereitet hätten. Das Anhören von Huldigungen, die Entgegennahme von Akten der Ergebenheit fasste er eben genau so als eine Pflicht auf wie die Erledigung seiner Schreibtischarbeit. Wie es tatsächlich um das Verhältnis des Herrschers zu seinem Salzkammergutvolk stand, zeigt eine böse Bemerkung in einem Brief, in dem er sich über die wunderbare Landschaft äußert, gleichzeitig aber bedauernd feststellt, sie sei „durch eine Menge Trotteln, wie immer, und durch eine, in dieser schönen Gegend höchst unpassende Zivilisation verunstaltet".

Es gibt Indizien dafür, dass es sich umgekehrt nicht anders verhielt. Zwar erging sich die Bevölkerung in Beweisen der Anhänglichkeit, vor allem an den großen Festtagen der Monarchie, wie es etwa ein lobhudelndes Gedicht im „Ischler Wochenblatt" zu Kaisers Geburtstag 1885 zum Ausdruck bringt. *Wir huld'gen Dir, o weiser Fürst der Güte, der immer neue Gaben, neuen Segen spendet, mit edlem Fürstensinnes schönster Blüte stets Sorg und Noth von seinem Lande wendet.* In dieser Tonart kommt der Verfasser bis zum abschließenden Schutzgebet für den vielgeliebten Monarchen. Man wusste eben, was man dem Herrscherhaus schuldig war, denn seine Anwesenheit war für die Stadt, für das Geschäft und für die Arbeitsplätze unverzichtbar. Aber dennoch war es wohl so, dass weite Kreise dem kaiserlichen Hof, dessen Gehaben sie in nächster Nähe erleben konnten, und dem Getue der Aristokraten recht distanziert gegenüberstanden. Hinter vorgehaltener Hand erzählte man respektlos – ob wahr oder eher doch unwahr, sei dahingestellt –, Seine Majestät würde auf seinen Jagdpartien gerne bei schönen Sennerinnen zukehren, und mehr als einer Person sagte man nach, sie habe ein ausgeprägtes Habsburgergesicht.

Kaum war Österreich Republik geworden, fanden in der Kaiserstadt antimonarchistische Demonstrationen statt, in deren Folge alle Straßennamen, die an die feudale Zeit erinnerten, geändert werden mussten, so wurde aus der Erzherzogin-Valerie-Straße eine Kurhausstraße, aus dem Kronprinz-Rudolf-Quai ein Adalbert-Stifter-Kai. Die Franz-Joseph-Jubiläumslinde verschwand ebenso wie andere Gedenkstätten. Bis weit in die sechziger Jahre des vorigen Jahrhunderts gab es in Bad Ischl nicht einmal eine Franz-Joseph-Straße, und die alljährlich von den Monarchisten veranstalteten Festgottesdienste zu Kaisers Geburtstag waren den meist sozialdemokratischen Stadtvätern eher peinlich, bis man die Bedeutung der Kaiser-Memorabilien für den Tourismus entdeckte. Seither kann man sich nicht genug tun mit Kaisertherme, Kaiserbummel, Kaisergala und dergleichen.

Der Fall Konrad Deubler

Schon seit den ersten Regierungsjahren des Kaisers Franz Joseph gab es im inneren Salzkammergut, dessen Bevölkerung von den damaligen Behörden eine *seit jeher* bestehende Neigung zu *Umtrieben* attestiert wurde, eine starke Strömung der Opposition gegen die herrschenden politischen Zustände. Arbeiter, Handwerker und Wirte gehörten ihr an. Sie wurden unter scharfe Beobachtung gestellt, besonders nachdem Spitzel behauptet hatten, es sei sogar ein Mordkomplott gegen den Monarchen geplant. Eine der zentralen Gestalten der Bewegung war Konrad Deubler, Müller in Hallstatt, der später in Goisern ein Gasthaus betrieb. Obwohl er nur die dürftige Ausbildung der örtlichen Volksschule genossen hatte, war er von ungeheurem Wissensdrang erfüllt. Er hatte sich in die philosophischen Bücher seiner Zeit eingelesen, und zwar mit solcher Nachhaltigkeit, dass er mit dem religionsfeindlichen Professor David Friedrich Strauß und anderen zeitgenössischen Berühmtheiten in Briefwechsel stand. Kein Wunder, dass er mit der Zeit ins Visier der Staatsschützer geriet, zumal er seine freidenkerischen Ideen an seine Mitbürger weiterzutragen suchte.

Deubler selbst führte die Schwierigkeiten mit der

Opponierte gegen die herrschenden politischen Zustände: der Bauernphilosoph und „Rebell" Konrad Deubler bei der Gartenarbeit neben seinem Wirtshaus in Goisern.

Polizei auf einen Artikel zurück, den ein Wiener Journalist unter dem Titel *Dumme Briefe über meine Reise vom Ausnahmezustand in das Innere des Naturzustandes* in der Zeitschrift *Der Humorist* veröffentlicht hatte. Er äußerte sich darin leicht herablassend über den „sonderbaren geistigen Autokraten", versäumte es aber nicht, die staatsgefährliche Literatur in dessen Hause ausführlich zu schildern. Dadurch wurde der philosophierende Wirt in der Ischler Sommergesellschaft erst richtig publik, sodass selbst die Kaiserinmutter in sein Haus eindrang, unbedingt die ominöse Bibliothek inspizieren wollte, sich mit der drohenden Frage an Frau Deubler wandte: „Geht sie auch in Kirche und betet für ihren Kaiser", und sich nach der bejahenden Antwort mit einem „Das will ich ihr auch geraten haben!" empfahl.

Das Unheil musste nun seinen Lauf nehmen. Deubler wurde mit einer Anzahl Gesinnungsgenossen inhaftiert und nach längerem Prozess schließlich wegen *Störung der öffentlichen Ruhe des Staates* (heute würde es wohl heißen wegen „Terrorismus") und wegen *Religionsstörung* zu zwei Jahren schweren Kerkers verurteilt. Er saß sie „unter lauter Dieben, Räubern, Mördern und Gaunern – unter dem Auswurf der Menschheit" am Spielberg in Brünn ab und kam auch nach der Verbüßung noch nicht heim,

sondern wurde für weitere zwei Jahre in Olmütz interniert.
Mittlerweile war doch ein liberalerer Geist im Staat eingezogen, und Deubler konnte seinen Ideen ungehindert nachgehen. Mit unbefangener und wohl auch unkritischer Begeisterung verehrte er „seine Heiligen", die großen atheistischen Wissenschafter der Zeit. Nach wie vor stand er mit ihnen in persönlicher und brieflicher Verbindung. Trotzig verfasste er sich selber die Grabinschrift: „Der Geist ist eine Eigenschaft des Stoffes; er entsteht und vergeht mit ihm! Nun lebe wohl, du schöne Welt, du liebe Sonne und ihr ewigen Sterne! Meine Augen sehen euch nie wieder!"
Das Besondere am Fall Deubler ist die Tatsache, dass der Mann bei seinen Mitbürgern als Rebell, als Ketzer weder geächtet noch gemieden war. Im Gegenteil: Die angesehensten Ischler Bürger suchten ihn zu Diskussionen auf. Selbst in der Zeit, als er im Zuchthaus saß, wurde sein Wirtshaus frequentiert, und dies trotz der Warnungen der örtlichen Geistlichkeit. Schließlich wurde er ein paar Jahre nach seiner Freilassung sogar zum Bürgermeister von Goisern gewählt. Es gibt Leute, die behaupten, dass vieles in Goisern heute noch vom aufmüpfigen Geist Deublers geprägt ist: Tatsächlich hat der Ort etliche „Querdenker" hervorgebracht, etwa Franz Kain, der als Holzknecht begann und es zum kommunistischen Stadtpolitiker in Linz brachte, und darüber hinaus zu einem anerkannten Schriftsteller, oder den bekannten Sänger Hubert von Goisern, der bekanntlich auch immer wieder seine eigenen Wege sucht.

Das Wirtshaus Konrad Deublers in Bad Goisern heute. Trotz der Warnungen der örtlichen Geistlichkeit wurde es von den Mitbürgern fleißig frequentiert.

Widerständler und Wildschützen

So ist er eben der Salzkammergütler. Mag er vordergründig gemütlich und fügsam erscheinen, das hört sofort auf, wenn man ihm etwas aufzwingen will, was er nicht einzusehen vermag. Nirgends im ganzen Land gab es im Lauf der Jahrhunderte so viele Aufläufe, Revolten und Streiks wie in der Salzregion. Es wurde schon erwähnt, wie geschickt man sich dagegen wehrte, wieder katholisch werden zu müssen, und wie man den Protestantismus über die Zeiten rettete. Bis in die heutige Zeit hält die Trutzhaltung an. Als im Jahre 2004 die Obrigkeit den traditionellen Vogelfang verbieten wollte, da brodelte es allerorts. Mächtige Protestkundgebungen wurden anberaumt, und bei einem gewaltigen Demonstrationszug kam alles den bedrängten Vogelfreunden zu Hilfe, bis zu den Fußballvereinen und Musikkapellen. Schließlich blieb den Behörden nichts übrig, als durch neue Gutachten zur Erkenntnis zu gelangen, dass jenes Brauchtum doch keine Tierquälerei bedeute und das Verbot überhaupt rechtlich schwach begründet sei; es konnte also zurückgezogen werden. Ein anderes Beispiel: Massiv bedrängte die österreichische Konsumorganisation alle selbständigen Genossenschaften, sich unter ihrer zentralen Leitung zusammenzu schließen. Die Salzkammergütler blieben hart und autark, mit dem Ergebnis, dass die zentrale Firma im Rahmen einer eindrucksvollen Pleite von der Bildfläche verschwand und dem Publikum hier, und nur mehr hier, die Traditionsmarke „Konsum" erhalten geblieben ist.

Und einzig und allein in dieser Region des Landes Oberösterreich gab es bereits ab 1942/43 eine namhafte Widerstandsgruppe gegen das nationalsozialistische Regime, die zwar nur aus wenigen Männern bestand, aber von breiten Kreisen der Bevölkerung, namentlich von Frauen, wirksam unterstützt und mit allem Nötigen versorgt wurde. Bis zum Ende der Naziherrschaft fand sich kein Verräter, der die Burschen aufgedeckt hätte. Nicht nur die „rote" und rebellische Einstellung der Salzkammergutbewohner mag das bewirkt haben, es schwang sicher auch die Bewunderung der geheimnisvollen Gruppe mit, die sich in der Unwirtlichkeit der Berge zurechtfinden musste. Es war das gleiche Ansehen, das vielfach auch die Wildschützen genossen, die kaum anderswo so verbreitet waren und kaum anderswo so heroisiert wurden wie im Südteil unseres Landes.

„Ein stolzer Schütz in seinen schönsten Jahren, er wurde weggeputzt von dieser Erd": Das tragische Schicksal des Wildschützen Jennerwein wurde zum beliebten Motiv volkstümlicher Darstellungen. Wilderermuseum Sankt Pankraz im Steyrtal.

Der Urtyp des Wilderers war der Knecht oder Arbeiter, der sich nach hartem Tagwerk heimlich mit dem „Stutzerl" aufmachte zu unendlich weiten Berg- und Kletterfahrten, der nicht rastete, bis er ein *Gambserl* vor der Flinte hatte, und der dann in wilder Lust das Blut des getöteten Tieres schlürfte, um sich seine Kraft und Gewandtheit einzuverleiben. So will es jedenfalls das romantische Bild von den Schwarzschützen, das in unzähligen Liedern und Geschichten geprägt wurde. *(Dann woad i's Gambserl aus, das is mir gar koa Graus. I trink sein Bluat mit Freud, da kriag i nu mehr Schneid ...)* Die Wirklichkeit war weniger verklärt. Es handelte sich mitunter um besonders verschlagene, hinterhältige Gesellen, die sich mit geschwärztem Gesicht und in verwegener Vermummung auf die illegale Pirsch machten. Wenn sie mit Jägern und Förstern zusammentrafen, waren es nicht selten sie, die als Erste ohne Warnung abdrückten.

Kaum anderswo wurden die Wildschützen so heroisiert wie im Süden Oberösterreichs: Zwei „Schwarze“ auf erfolgreicher „Pirsch“. Wilderermuseum Sankt Pankraz im Steyrtal.

Peter Janisch hat in seinem Buch *Gehst mir aufs Leben, Schütz?* diverse „Wildererkämpfe und Jägermorde“ recherchiert und dokumentiert.

Dabei erzählt er recht brutale Geschichten, etwa jene von den beiden Wildschützen, die an einem Herbsttag des Jahres 1932 hoch oben im Toten Gebirge von zwei Jägern gestellt und gefesselt ins Tal eskortiert wurden. Plötzlich begann einer der Verhafteten zu taumeln, als ob ihm schlecht wäre. Die Eskorte machte Halt, damit er sich erholen könne; währenddessen hatte er Gelegenheit, mit der gebundenen Hand unbemerkt eine Pistole aus seiner Joppe zu ziehen und in den Rockärmel zu schieben. Im Weitermarsch gab er plötzlich Feuer, schoss ein paar Mal auf die überrumpelten Jäger und flüchtete gefesselt mit seinem Kumpan. Schwer verletzt schleppten sich die Waidmänner zu Tal, der eine starb bald darauf, der andere blieb lebenslang ein Krüppel.

Freilich passierte es auch umgekehrt, dass die Wilderer von den Jägern niedergeknallt wurden. Solche Ereignisse gaben Gelegenheit zu volkstümlichen Balladen und Liedern, ähnlich der Verherrlichung des oberbayrischen Wildbretschützen Jennerwein *(Ein stolzer Schütz in seinen schönsten*

Jahren, er wurde weggeputzt von dieser Erd ...). In Ischl entstanden die Klackl-Lieder, nachdem 1891 ein Wilddieb dieses Namens von einem unentdeckt gebliebenen Schützen, angeblich *einer Person mit Stand und Namen*, aus dem Hinterhalt durch einen Genickschuss erlegt worden war. Die Gesänge blieben volkstümlich, wie der Soziologe Roland Girtler berichtet, und wurden in den Wirtshäusern „gerne und oft bis herauf in die fünfziger Jahre gesungen". Die Wilderer, das waren eben die „Helden des Kleinen Mannes", die es wagten, gegen die Jagdprivilegien der oberen Klassen zu rebellieren, und denen die Herzen des Volkes zuflogen, zumal sie, wie früher oft, aus Not und Hunger dem Wild nachstellten und andere an dem erbeuteten Fleisch partizipieren ließen.

Von den Herzen, die sich ihnen zuneigten, waren den Wildschützen natürlich jene am wichtigsten, die dem *schwarzaugeten Dirndl*, vornehmlich der Sennerin, gehörten. Damit sind wir bei einer weiteren Widerspenstigkeit unserer Gebirgsbewohner, denn auch in sexueller Hinsicht hielten sie sich nicht unbedingt an das, was die Kirche und früher auch die weltliche Obrigkeit verlangten. 1820 schildert der Reiseschriftsteller Johann Steiner die Verhältnisse so: „Frei und offen geht der Bube zu dem Fenster seiner Dirne, wenn er glaubt, dass die harte Tagesarbeit den Eltern die Augen geschlossen habe, singt ihr die gewöhnlichen Sprüche vor, welche sie Angasseln nennen, und bittet um Einlaß. Unbekümmert um ihr künftiges Schicksal erhört die Dirne den bittenden Liebling. Schlauigkeit von Seiten der Jugend, Sorglosigkeit von Seiten des Alters gibt diesen nächtlichen Zusammenkünften ungestörten Genuss; es ist auch nicht mehr auffallend, wenn ein lediges Mädchen Mutter wird; man redet eine kurze Zeit davon; sie erhält allenfalls einige Zurechtweisung von ihren Eltern, dann ist die Sache abgethan und das Enkelein bleibt gleich einem rechtmäßigen Kinde ein unangefochtenes Glied der Naturfamilie."

Wer das liest, kommt nicht umhin festzustellen, dass es im Salzkammergut trotz aller Hintergründigkeit doch recht lustig zugeht. Ob der Biedermeierautor die unbefangenen Zustände beklagens- oder beneidenswert findet, geht aus seinen Ausführungen nicht hervor. Wenn man sie aber den Einheimischen vorgehalten hätte, wären sie wohl nicht erstaunt gewesen, sondern hätten mit den Achseln gezuckt und verschmitzt gelächelt. Denn auch ihre Lieder und Gstanzeln sind voll von derben Anspielungen auf Liebe und Sexualität. Wer sie, was nicht selten vorkommt, am Wirtshaustisch in wohlgelaunter Runde singen hört, mag froh sein, wenn er von den keineswegs druckreifen Texten nichts versteht. Aber die Fröhlichkeit nimmt er wahr und auch das ausgeprägte Selbstgefühl dieser Leute, das sich freilich weniger auf diese ominösen Gesänge stützt, sondern auf viele Besonderheiten, die diesen Landstrich vor allen anderen prägen und auszeichnen, auf die landschaftliche Schönheit, auf die Gebräuche und auf die wohl gewahrten Traditionen. Er spürt es, was diese Leute empfinden: dass es nämlich etwas Besonderes bedeutet, ein Salzkammergütler zu sein.

Landschaftliche Schönheit und wohl gewahrte Tradition – das Salzkammergut ist etwas Besonderes: der Traunsee mit dem Kleinen Sonnstein.

Vorhergehende Doppelseite: Abendstimmung über dem Mondsee.

Folgende Doppelseite: Der Mühlstein, mit dem der heilige Florian in der Enns ertränkt worden sein soll. Krypta im Stift St. Florian.

Verwendete bzw. weiterführende Literatur (Auswahl)

Zum Kapitel:
Eine Provinz und keine provinziellen Persönlichkeiten

Rudolf Lehr, Landeschronik Oberösterreich. Wien 2004
Tausend Jahre Oberösterreich. Das Werden eines Landes. Katalog der oberösterreichischen Landesausstellung 1983. Linz 1983
Wolfgang Johannes Bekh, Anton Bruckner. Biographie eines Unzeitgemäßen. Bergisch Gladbach 2001
Hans Commenda, Franz Stelzhamer, Leben und Werk. Linz 1953
Wolfgang Matz, Adalbert Stifter oder diese fürchterliche Wendung der Dinge. München 2005.

Zum Kapitel:
Von Pfahlbauern, Hallstattleuten und Römern

Josef Reitinger, Ur- und Frühgeschichte Oberösterreichs. Linz 1968/69
Die Hallstattkultur. Frühform europäischer Einheit. Katalog der oberösterreichischen Landesausstellung 1980. Linz 1980
Josef Reitinger/Heinrich Marchetti, Der Bezirk Gmunden in urgeschichtlicher Zeit. In: Der Bezirk Gmunden und seine Gemeinden. Gmunden o. J.
Heide Dimt, Der Spurensucher. Linz 1995
Ferdinand Mittendorfer, Traunkirchen, einst Mutterpfarre des Salzkammergutes. Traunkirchen 1981
Karl Amon/Heinrich Marchetti, Das Kloster Traunkirchen und seine Pfarren. In: Der Bezirk Gmunden und seine Gemeinden. Gmunden o. J.
Peter Pleyel, Das römische Österreich. Wien 1987
Gerhard Winkler, Die Römer in Österreich. Linz 1975
Willibrord Neumüller, Sie gaben Zeugnis. Lorch, Stätte des hl. Florian und Gefährten. Wien-Linz-Passau 1968
Severin zwischen Römerzeit und Völkerwanderung. Katalog der oberösterreichischen Landesausstellung 1982. Linz 1982

Zum Kapitel:
Kultsteine, rätselhafte Gänge, archaische Bilder

Das Mühlviertel. Katalog der oberösterreichischen Landesausstellung 1988. Linz 1988
Karl Lukan, Seltsame Kultstätten, sonderbare Heilige. 1995 Wien
Otto Milfait, Das Mühlviertel. Sprache, Brauch und Spruch. Grünbach 1964
Otto Milfait, Vergessene Zeugen der Vorzeit. Seltsame Steine aus dem unteren Mühlviertel. Gallneukirchen 1988
Otto Milfait, Vergessene Zeugen der Vorzeit. Seltsame Steine aus dem Mühlviertel. Gallneukirchen 1994

Zum Kapitel:
Von guten und bösen Wassern

Die Donau. Facetten eines europäischen Stromes. Katalog der oberösterreichischen Landesausstellung 1994. Linz 1994
Ernst Trost, Die Donau. Lebenslauf eines europäischen Stromes. München 1972
Wilfried Daim, Der Mann, der Hitler die Ideen gab. Wien 1994

Zum Kapitel:
Burgen und Schlösser mit ihren Herrschaften

Harry Slapnicka, Oberösterreich zwischen Bürgerkrieg und Anschluß. Linz 1979
Werner Beitz, Die Rolle des Fürsten Starhemberg bei der Verteidigung d. österr. Unabhängigkeit gegen das Dritte Reich 1933–1936. Frankfurt am Main 1993
Heinrich Drimmel (Herausgeber), Die Erinnerungen von Ernst Rüdiger Fürst Starhemberg. Wien 1991
René Freund, Land der Träumer. Wien 1996
Bernhard Iglhauser, Genie oder Scharlatan. Die unglaubliche Karriere des Carl Schappeller. In: Der Bundschuh, Band 8, Seite 44 ff, 2005

Alhier Ruehen die Gebein VA:
LERIÆ der Gottseeligen Wit
tib, welche nach gehabter Er:
scheinung des H: MARTYRER
FLORIANI dessen Leib anhero
in diese Crufften beygesezet hat.

Gegenwärtiger Mühlstein, wel:
cher ANNO 1722 bey abbrechung des
über 500 Jahr lang gestandenen alten
Stiffts gebäu im Creuzgang Tieff unter
der erden unverhofft freyligend gefunden be
glauben uns gantz wahrscheinlich der je
nige zu seyn, wormit der Heilige MAR
TYRER FLORIANUS in den Enns fluß
versencket worden

Zum Kapitel:
Die Stifte mit ihrer reichen Geschichte

Paul Werner Scholz, Die Herrlichkeit des Herrn. Die Lambacher Fresken aus der Zeit des hl. Adalbero. Würzburg 1990
Roland Anzengruber, Beiträge zur Geschichte des Benediktinerstiftes Lambach im 17. Jahrhundert. Ungedruckte Dissertation, Salzburg 1983

Zum Kapitel:
Schwarze Bauern und Weiße Hexen

Der oberösterreichische Bauernkrieg. Katalog der oberösterreichischen Landesausstellung 1976. Linz 1976
Georg Heilingsetzer, Der oberösterreichische Bauernkrieg 1626, Militärhistorische Schriftenreihe, Heft 32, 1976.
Julius Strnad, Der Bauernkrieg in Oberösterreich im Jahre 1626, Linz 1925
Theodor Wiedermann, Die religiöse Bewegung in Oberösterreich und Salzburg beim Beginn des 19. Jahrhunderts. Innsbruck 1890
Ursula Senony, Die Bewegung der Boosianer im Mühlviertel. Ungedruckte Dissertation, Salzburg 1973
Martin Scheutz/Johann Sturm/Josef Weichenberger/Franz Xaver Wimmer; Räuber, Mörder, Teufelsbrüder. Die Kapergerbande 1649–1660 im oberösterreichischen Alpenvorland, Linz 2008

Zum Kapitel:
Das Salzkammergut, einmal anders gesehen

Caroline Markolin/Peter Huemer, Ischl unter Kaiser Franz Joseph I. Ein wissenschaftlich-historischer Beitrag. Bad Ischl 1980
Anonym, Kaiser Franz Joseph I. und sein Hof. Erinnerungen und Schilderungen aus den nachgelassenen Papieren eines persönlichen Ratgebers. Wien 1920
Arnold Dodel, Konrad Deubler, der monistische Prophet im Bauernkittel: sein Entwicklungsgang vom einfältigen Glauben zum klaren Erkennen. Stuttgart 1909
Michael Kurz, Salzkammergut Geschichte(n), von der Industrie zur Welterbelandschaft. Lauffen 2005
Wolfgang Quatember/Ulrike Felber/Susanne Rolinek, Das Salzkammergut. Seine politische Kultur in der Ersten und Zweiten Republik. Grünbach 1999
Peter Janisch, Gehst mir aufs Leben, Schütz? Wildererkämpfe und Jägermorde in den österreichischen Alpen. Lauffen 1981
Roland Girtler, Wilderer, Rebellen der Berge. Wien-Köln-Weimar 2003

Dazu eine große Anzahl von Artikeln in Zeitschriften, insbesondere in den „Oberösterreichischen Heimatblättern“ und in der Kulturzeitschrift „Oberösterreich“.

Bildnachweis

Peter Pfarl: 57, 58, 59, 68, 80, 91, 92, 93, 94, 104, 105, 138, 139
IMAGNO/Austrian Archives: 29, 33, 136/137, 142, 157
akg-images, Berlin: 46, 132
Gerhard Trumler: 48
Fritzi Lukan: 76
Oberösterreichisches Landesarchiv (Ms. 276/2): 32
Oberösterreichisches Landesmuseum: 75, 77, 140, 141, 143 (Sammlung Heimathaus Freistadt)
Kunsthistorisches Museum, Wien (Schönbrunn, Wagenburg): 153
Original im Stift Schlierbach. Foto: Oberösterreichisches Landesarchiv: 148, 149
DDr. Bernhard Iglhauser (Repro Weyland GesmbH): 113
Museum der Stadt Eferding: 98
Stiftsbibliothek Kremsmünster: 127
Sammlung Dr. Ingrid Hänsel: 134 (links)

Alle anderen Fotos sind Originalaufnahmen von Toni Anzenberger. Autoren und Verlag bedanken sich für die freundlichen Abdruckgenehmigungen.